소셜 비헤이비어

일러두기

1. 책 제목 《소셜 비헤이비어》는 국립국어원 외래어 표기법에 따라 《소셜 비헤이벼》로 표기해야 하나, 일반적으로 통용되는 발음으로 표기했음을 밝힙니다.
2. 책 속에서 시몬스는 한국 시몬스를 가리킵니다. 다만 미국에 위치한 시몬스 본사와 구분해야 할 때는 '한국 시몬스'로 표기했음을 밝힙니다.
3. 책 속에서 예를 들기 위해 사용된 일부 일화와 이미지는 사실을 바탕으로 각색되었음을 알립니다.
4. 트위터는 2023년 7월 'X(엑스)'로 이름을 바꿨으나 일반적으로 통용되는 이름으로 표기했음을 밝힙니다.
5. 이 책에 인용된 작품 및 도판, 자료 등은 저작권자의 허가를 받았으나, 일부 저작권자를 찾지 못한 경우나 연락이 닿지 않은 경우는 추후 확인되는 대로 허가 절차를 밟도록 하겠습니다.

온라인과 오프라인의
하이브리드 시대를 위한
브랜딩 안내서

김성준·홍현경 지음

Social
Behavior

소셜 비헤이비어

whale books

이 책을 먼저 읽은 전문가들의 추천사

사람은 잘 안 변한다. 그런데도 잘 변한다. 결코 양립할 수 없는 이 두 문장 사이에서 우리는 늘 혼란스럽다. 그런데 답은 의외의 곳에 있다. 바로 세상이다. 세상이라는 환경은 변하지 않는 사람의 마음에 영향을 미쳐 행동을 바꿔 나가기 때문이다. 그리고 그 영향력이 지속되면 이전에 없던 행동이 선택되어 정착된다. 이는 사람의 관점으로 보면 적응과 진화다. 그 과정을 제대로 읽어 내려면 섣불리 결론 내리지 않고 침착하고도 치밀하게 자신의 분야에서 세상과 사람을 관찰할 수 있는 끈기와 안목이 필요하다. 마치 다윈처럼 말이다. 다윈이 현재 살아 있고 고객을 상대하는 기업에 몸담고 있다면 흡사 이 책처럼 한 권을 더 썼을 것이다.

- 김경일, 인지심리학자, 《마음의 지혜》 저자

트렌드는 추종하는 것인가, 창출하는 것인가? 시장의 흐름을 세심하게 관찰해 트렌드를 예측하고 따라가는 것이 일반적이지만, 특별한 경우에는 소비자 심리를 활용해 트렌드의 물줄기를 바꿀 수도 있다. 김성준 부사장은 행동을 뒤집어 심리를 밝히고, 마침내 트렌드를 이끌어 가는 드문 전략가의 한 사람이다. 소비자에게 등을 떠밀리는 기업이 아니라, 시장의 주도권을 쥐는 기업이 되고 싶다면, 반드시 읽어야 할 책이다.

- 김난도, 서울대 소비자학과 교수, 《트렌드 코리아》 시리즈 대표 저자

지금 당장 일주일간의 휴가를 간다면 이 책을 들고 가겠다. 대학생들에게 단 한 권의 브랜딩 책을 추천한다면 이 책을 추천하겠다. 늘 가방에 넣고 다니면서 수시로 꺼내 읽고 싶은 책을 고른다면 이 책을 선택하겠다. 이 책을 통해 김성준 부사장의 생각법과 철학을 이해할 수 있고, 김성준 부사장의 생각법과 철학을 이해하면 시몬스의 브랜딩을 이해하게 된다. 그리고 시몬

스의 브랜딩을 이해하면 자신의 브랜드가 가야 할 길이 보이기 시작한다.

- 김병규, 연세대 경영대학 교수, 《스파이크》 저자

김성준 부사장은 현상으로 미래를 예측하는 능력이 무척 뛰어나다. 그는 예측된 미래를 다시 현상의 단계를 거쳐 비전으로 완성한다. 그는 그저 트렌디한 것이 아니고 트렌드를 새로 만든다. 세상이 어떻게 돌아갈지 궁금하다면 그에게 물으시라. 이 책은 그가 드리는 답이다.

- 문성후, 연세대 대학원 겸임교수, 《리더의 태도》 저자

고객의 지갑을 여는 것은 소비자의 이성이 아닌 감정이다. 팬데믹 이후 가장 강력한 바잉 파워를 가지면서 주력 소비자로 성장한 한국 MZ세대 소비자의 감정에 어필하여 시몬스를 침대 업계 1위에 하드 캐리한 장본인 김성준 부사장의 브랜드 마케팅 스토리에는 감동이 있고 힘이 있었다. 사회적 이슈에서 시작하여 거꾸로 접근하는 리버스 엔지니어링 마케팅의 끝장판 실전 사례들이다. 인플루언서 시대, 디지털 마케팅을 하는 모든 마케터들과 기획자들이 필독해야 하는 책이다.

- 서용구, 한국상품학회 수석부회장, 숙명여대 경영학부 교수

많은 브랜드가 '얼마나 팔 것인가'에 몰입할 때, 저자는 '누구에게' 팔 것인지 질문한다. 매출이라는 결과가 아니라 고객이라는 본질에 집중할 때 마침내 브랜드는 사람들의 기억 속에 영원히 살아 숨 쉰다. 지금 시몬스처럼. 이제 브랜드가 메시지와 제품을 일방적으로 전달하는 시대는 끝났다. 앞으로는 고객이 먼저 찾고, 구매하고, 열광하는 브랜드가 생존할 것이다. 어떻게 살아남을 것인가? 이 책이 그 난제에 최고의 해답이 되어 줄 것이다.

- 홍성태, 한양대 경영대학 명예교수, 《브랜드로 남는다는 것》 저자

Social
Behavior

시장을 움직이는 건 결국 사람이다

지난 4월 말 주말 오전, 나는 가족과 널찍한 농구 관람석에 앉아 큰 전광판에서 나오는 농구 경기를 보며 새로 나온 핫도그를 먹고 있었다. 이내 삼삼오오 가족들이, 커플들이 모여들었는데 여긴 정말 미국 같다는 말도 들리고, 여러 가지 앵글로 사진을 촬영하고 경기를 시청하거나 괜히 농구공을 잡아 보는 모습이 보였다. 코트를 나와 몇 걸음 안 되는 잔디밭에서는 그날 서로 처음 보는 아이들끼리 모여서 땀을 뻘뻘 흘리며 놀고 있었다.

이곳은 이천 시몬스 테라스에 새로 오픈한 카페 '그로서리 스토어'이자, 지난 팝업 스토어들이 그랬던 것처럼 콘셉트부터 인테리어 개발, 완성까지 시몬스 내부에서 온전히 기획한 공간이다. 카페의 인기 메뉴 핫도그 레시피 개발도 공간 디자이너가 직접 했고, 주말 아침 키친을 지휘하느라 분주한 것도 다름 아닌 그다. 웬일인지 이 이야기를 하면 누군가는 꼭 웃는데, 아마 너무 맛있기 때문일 거라 생각한다. 정말 맛있다! 그리고 우리는 이런 실력들을 밑천 삼아 '시몬스 디자인 스튜디오'라는 새로운 브랜딩 회사를 2023년 말 오픈했다.

지난 몇 해간 시몬스는 침대만을 파는 회사에서 컬처를 만드는 기업으로 변모했고 이를 실현시키는 인재들로 채워졌다. 그간의 팝업 스토어와 새로운 카페들, 그리고 이목을 끌었던 광고 전략들은 그동안 업계에서 많은 주목을 받았으며 각종 브랜딩 케이스 스터디에 빠지지 않는 영광까지 얻었다.

그래서 처음 이 책을 쓴다 했을 때 사람들은 내가 그간의 경험을 토대로 마케팅과 브랜딩의 성공 방식을 명쾌하게 풀어낸 해법지를 기대했다. 하지만 내 생각은 좀 다르다. 현재의 시몬스는 과거의 시몬스에 비해 진보한 것일까? 소위 '마켓 체인저'라고 불릴 만큼 업계의 판도를 바꾸는 역할을 했던 것일까?

　시몬스 침대의 품질은 그때도 지금도 1등이다. 그러므로 진보니, 마켓 체인저니 하는 뻔하고 거창한 단어보다는 급변하는 시대에 적응하는 데 최선을 다했고 그러다 보니 성공적으로 '진화'해 왔다고 표현해야 할 것이다. 그 가운데는 '코로나 19 사태'라는 누구도 예측하지 못한 초대형 위기가 있었다. 그때는 몰랐지만 생활 반경이 집으로 한정되던 그 사이 손바닥만 한 스마트폰 위로 완전히 새로운 세상의 문은 열리고 있었고, 그토록 급격하고 거대한 파고에 넘어지지 않으려 사활을 걸다 보니 우리는 시대의 흐름을 자유롭게 타는 나름의 균형 감각을 체득하게 된 것 같다.

　비슷하게, 스마트폰은 인간의 생각 방식과 생활 방식의 진보라고 볼 수 있을까. 스마트폰 그 자체는 과학적 진보라고 볼 수 있겠지만 이를 활용하는 인간의 삶의 방식은 진보가 아니라 진화라고 봐야 할 것이다. 이런 이유로 '소셜 비헤이비어 Social Behavior'는 애초에 마음에 둔 제목이었다.

소셜 비헤이비어는 직역하면 '사회적 행동' 정도가 될 것 같은데, 간단하게 표현하면 인간의 사회적인 행동이 개인의 특성과 사회적으로 처한 상황에 따라 결정되는 것을 말한다. 하지만 사회적 행동이라는 단어가 딱 와닿지는 않아서 다소 낯설지만 영어 그대로 쓰는 것을 선택했다.

마케터로서 시장을 꿰뚫어 보는 눈은 대단히 중요한 자질이지만 결국 그 시장을 움직이는 건 사람이다. 그래서 마케터는 숫자를 넘어 거기에 담긴 과거와 현재 사회상의 흐름을 파악하고 미래의 흐름까지 나름대로 예측할 수 있는 안목이 필요하다. 이 책도 변화하는 시대, 소셜 네트워크로 연결된 새로운 소셜 비헤이비어에 브랜드는 어떻게 적응했는지에 관한 이야기다. 그래서 이 책은 마케팅 해법서는 될 수 없다. 그보다는 사회적 시류에 시몬스라는 브랜드를 어떻게 적응시켰는지에 관한 성장담에 가까울 것이다.

무엇보다 이렇게 생각하는 건, 지난 자료를 샅샅이 훑어보고 시간을 곱씹어 보는 동안 이 책이 시몬스와 함께 웃고 울었던, 좋은 의미로든 나쁜 의미로든 떨리는 순간을 함께했던 모든 동료들과 이를 지지해 준 안정호 대표님에 대한 헌사의 의미 또한 깊다는 것을 깨달았기 때문이다.

이 책을 읽는 독자의 대부분은 온라인과 오프라인을 자연스럽게 넘나들며 생활하고 있을 것이다. 이러한 변화 속에서 우리의 행동을 결정짓는 요소를 플랫폼, 피드백, 팬덤, 취향, 바이럴 등 키워드로 해석해 보고 실제로 마케팅에 어떻게 적용했는지 풀어내 보여 줄 것이다. 덧붙여 이러한 변화가 만들어 낸 '지속 가능성' 혹은 'ESG'라는 시대적 요구에 어떻게 부응할 것인지에 대한 고민과 대응도 담았다. 이 시대의 흐름을 읽고 그 흐름에 자유롭게 서핑하며 마케팅, 브랜딩하고 싶은 모든 직업인들에게 현재 진행형인 나의 경험담이 도움이 되길 기대해 본다.

차례

Step 1. 심리가 아니라 행동을 설계하라

Code 1. 누가 소비자의 생각과 행동을 유도하는가 | 미디어 |

Code 2. 검색창을 보면 행동이 보인다 | 플랫폼 |

Code 3. 시장을 흔드는 새로운 계급이 탄생하다 | 인플루언서 |

Step 2. 말하지 않아도 원하게 하라

Code 4. 소비자는 온라인에서 다른 얼굴을 한다 | 캐릭터 |

SOCIAL

Step 3. 모으지 말고 모이게 하라

Code 7. 모두가 좋아하는 브랜드는 없다 | 팬덤 |

Code 8. 브랜드와 소비자는 대화해야 한다 | 피드백 |

Step 4. 지속 가능하게 경영하라

Code 11. 인간적인 브랜드는 무엇이 다른가 | 로컬라이징&소셜라이징 |

Code 12. 격변의 시장에서 어떻게 살아남을 것인가 | ESG |

HAVIOR

Step

1

심리가 아니라
행동을 설계하라

Code

1

누가 소비자의
생각과 행동을 유도하는가
| 미디어 |

미디어,
역사의 변곡점이 되다

대혁명은 왜 프랑스에서 일어났던 걸까. 19세기 프랑스 정치가 알렉시 드 토크빌Alexis de Tocqueville은 그 실마리를 인쇄와 활자에서 찾았다. 18세기 당시 프랑스어는 유럽 지성인이 즐겨 사용하긴 했지만 대중들이 평소에 사용하는 언어는 아니었고 되려 대중은 각 지역의 방언을 써서 전국적으로는 의사소통이 힘들었다. 그러나 토크빌은 부르주아 계층과 신지식인들에 의해 인쇄 매체가 받아들여지고 발달하면서 프랑스인 전체가 (같은 글을 공유하며) 동일한 종류의 사람들이 될 수 있었다고 지적한다.

반대로 영국을 예로 들자면 영국은 대대손손 이어져 온 귀족들의 비문자적인 문화와 제도(한마디로 구술로 전해 온 전통)를 고수했기 때문에 대중의 집합적인 여론이 형성되기 힘든 구조였다. 그래서 영국에서는 프랑스 대혁명과 같은 중대한 사건이 일어나지 않았다. 마셜 매클루언Marshall McLuhan의 《미디어의 이해》는 미디어가 어떻게 인간의 사회적 행동 양식을 결정짓는지를 설명하기 위해 인쇄술이라는 미디어를 예로 들어 토크빌을 인용한다.

마셜 매클루언이라는 이름은 몰라도 아마 "미디어가 메시지다"라는 말은 한 번쯤 들어 보았을 것이다. 그는 영문학자이자 사상가로 그가 1960년대에 출간한 《미디어의 이해》는 텔레비전으로 대표되는 전자 미디어가 출현하며 빚어질 사회적 변화를 정확하게 예견한 것으로 유명하다. 특히 지금의 인터넷으로 연결된 사이버 스페이스가 인간에게 미칠 영향에 대한 선지적인 해석은 실로 놀라울 정도다.

그에 따르면 미디어는 인간의 눈, 귀 같은 감각 기관과 신경을 확장하는 기술이다. 미디어는 그 속에 담긴 메시지의 내용

소셜 비헤이비어

과는 관계없이 미디어 자체로 개인적이거나 사회적인 변화를 초래한다. 예를 들어 철도는 철도라는 미디어가 운반하는 화물과는 관계없이 완전히 새로운 종류의 도시, 노동, 여가를 창조하며 그것이 등장하기 전까지 존재한 인간 활동의 규모를 확대하고 문명의 발전을 가속했다. 그 후 나타난 비행기 역시 그것이 어디에 사용되는지에 관계없이 수송 시스템을 신속하게 해 철도에 바탕을 둔 도시, 정치, 인간관계의 근본을 흔들었다. 그러므로 "미디어는 메시지다"는 말은 미디어가 담고 있는 내용이 아니라 미디어가 인간의 삶에 가져온 규모나 속도 혹은 패턴의 변화로 봐야 한다. 그래서 미디어는 '사회적으로' 메시지다.

또 다른 예를 들어 보자. 선사 시대에 '말'이 생겨남으로써 인간은 처음으로 처한 환경과 경험을 서로 소통하게 되었고 (귀의 확장), 인쇄술의 발달로 귀 대신 눈을 이용함으로써 토크빌의 저술에서 보듯 일관되고 연속성을 가진 대중적인 집단 지성이 가능해졌다. 이후 전기라는 기술 미디어와, 이어 등장한 컴퓨터 세계는 삶을 '정보'라는 정신적 형태로 번역하고 있다. 책이 나온 지 60년이 지났다는 사실이 놀라울 만큼 온라인

네트워크로 얽힌 우리의 생활을 이보다 더 직관적이고 정확하게 설명할 수는 없을 것 같다.

우리는 요리를 전문으로 하는 사람들과 달리 음식의 재료명을 구체적으로 알지 못하고, 옷을 만드는 사람과 달리 옷의 소재나 디테일에 관한 용어를 구분할 수 없고, 카센터 수리 기사들과 달리 자동차 부속품과 그 기능에 대해 정확하게 설명할 수는 없지만 자연스럽게 밥을 먹고 옷을 입으며 자동차를 타고 생활한다. 스마트폰, 컴퓨터와 '동기화'되어 사는 오늘날 우리에게 '온라인'이니 '디지털'이니 '사이버 스페이스'니 하는 용어들도 이와 비슷하지 않을까. 용어를 정확하게 정의하지 못하더라도 우리는 이미 SNS, 블로그, 인터넷 쇼핑몰 등을 사용하며 큰 어려움 없이 자연스럽게 살고 있다.

소셜 비헤이비어란 무엇인가?

나는 테크tech라고 하면 백기부터 준비하는 '과학 포기자'다.

하지만 광고와 마케팅, 세일즈 분야에서 온라인으로 수없이 많은 전략을 기획하고 진행하며 결과를 검증하다 보니 자연스럽게 온라인 플랫폼에 대해 나름대로 연구하고 깨달은 것들이 있었다. 앞서 소개한 《미디어의 이해》는 그렇게 머릿속에서만 정리되던 개념들을 적확하게 언어로 구현한 구절들이 많아 감사할 정도였다.

내가 소비자의 행동을 설계하고 유발하는 전략가로서 가장 중요하게 생각하는 것은 바로 소셜 비헤이비어다. 직역하면 '사회적 행동'으로 불리는 이 개념은 인간의 사회적인 행동이 개인의 특성과 사회적으로 처한 상황에 따라 결정되는 것을 말한다. 마케팅에서는 일어날 것이라고 예상되는 소비자의 소셜 비헤이비어를 온라인 등에서 서치search(조사)하고, 파도를 타듯 따라가면서 서핑하며, 그렇게 나온 예상 시나리오에 맞춰 전략을 짠다. 그리고 다시 기업은 이 전략이 우리의 예상대로 소비자의 소셜 비헤이비어를 유발하길 기대한다. 이런 역설계는 이미 발 빠른 기업들 사이에서 거대한 트렌드가 되었다.

스스로의 결정이라고 생각하지만 사실 무의식적으로 사람

들의 행동을 유발하는 원인은 다양하다. 크게는 인쇄술의 발달이 프랑스 대혁명을 일으키는 기폭제가 되었듯이 작게는 무언가를 사려는 행동이나, 새로운 식당 또는 가게를 방문하는 행동에는 그것이 신선하다고 느끼게 만드는 주변의 입소문이나 트렌드에 속하고픈 심리, 혹은 제품을 충동하는 반복된 광고 같은 것들이 있을 것이다.

기업이 해야 할 것은 바로 그 행동을 일으키는 원인을 설계하고 마침내 소비자가 우리가 의도한 대로 움직이게 하는 것이다. 소비자를 자신도 모르게 제품을 사게 하고 매장을 찾게 하면, 기업의 수명 또한 늘어나게 된다. 많은 기업이 이 전략을 알고, 적용하고 싶어 하지만 실제로 제대로 실행하여 성공하는 데는 번번이 실패한다. 대부분 행동을 유발하는 '원인'보다는 콘텐츠, 조회 수, 매출 등 '결과'에 집중하기 때문이다.

요즘처럼 즉 SNS 등과 같은 온라인 플랫폼의 힘이 클 때는 어떤 콘텐츠를 만들 것인지보다 먼저 생각해야 하는 것이 있다. 바로 어떤 플랫폼을 사용할 것인지, 그리고 그 플랫폼의 끝에 누가 있는지다. 콘텐츠라는 결과를 보기 전에, 플랫폼과 타깃층의 소셜 비헤이비어를 먼저 고려해서 콘텐츠 전략을 다르게 해야 한다. 나는 브랜딩하고, 마케팅 전략을 세울 때 이렇게 거꾸로 접근하고 있다.

과거에 철도, 비행기가 그랬던 것처럼 최근 10년 사이 우리의 삶을 장악한 인스타그램, 페이스북, 유튜브, 트위터, 틱톡 같은 온라인 플랫폼은 개인의 사고방식과 행동 양식을 획기적으로 바꾸고 있다. 그러므로 이는 21세기 인간의 소셜 비헤이비어를 결정짓는, 가히 혁명적인 미디어라 해야 마땅하다. 그렇다면 이 온라인 플랫폼들로 소비자의 소셜 비헤이비어는 어떻게 변화하고 있을까? 그리고 마케터와 기획자는 이 온라인 플랫폼을 이용하여 어떻게 소비자의 행동을 설계하고 유발할 수 있을까?

소셜 미디어 플랫폼에 익숙해진
소비자의 행동은
어떻게 달라지고 있을까?

대박보다
완판을 좋아하는 세대

잠시 과거로 돌아가 보자. 인터넷 시대 이전에 매스 미디어의 시대가 있었다. 신문, 라디오, 텔레비전 등은 '푸시push', 즉 콘텐츠를 일방적으로 대중에게 전달했다. '독자 리뷰'야 그때도 있었으나 그것이 발화되기 위해서는 먼저 미디어에 선택당해야 하는 엄연한 순서가 있었기 때문에 미디어는 대중보다 엘리트적인 권력을 행사했다. 미디어에서 대중의 실시간 리뷰나 피드백을 막으면 그 의도부터 의심받는 지금의 수평적인 관계에서는 상상할 수 없는 일이다.

어느새 우리는 도서관이나 선생님을 찾아 정보를 구하고 취사선택하는 대신 우리가 원할 것 같은 정보를 알고리즘이 알아서 추천해 주는 세상에 살고 있다. 또 인스타그램, 페이스북, 유튜브, 트위터 등 다양한 온라인 플랫폼을 사용하고, 각기 다른 아이디를 개설해 나의 캐릭터를 시시각각으로 변주하는 시대를 즐기고 있다.

지금은 일상을 글로 쓰거나 사진으로 찍어 SNS에 아카이빙하며 자신의 서사를 드라마틱하게 표현하고 공개적으로 공유하는 것이 특징이다. SNS를 즐기는 이라면 누구나 자신의 자서전을 가진 셈이다. 덕분에 우리는 물리적인 사회 활동에서만이 아니라 나의 SNS에 보내는 타인의 '좋아요'나 후기, 리뷰 같은 '피드백' 혹은 취향이 통하는 이들의 '공감' 속에서 소속감과 유대감을 느낀다.

시몬스는 2020년부터 시몬스 유튜브 채널을 개설해 제품 광고뿐만 아니라 지금 사람들이 가장 궁금해할 주제로 지식 교양 강연 콘텐츠를 만들어 올리고 있다. 좋은 이야기는 많이 나눌수록 좋다는 콘셉트로 일명 사람과 사람을 잇는 '소셜라이징socializing' 프로젝트의 일환이다. 여기서 인지심리학자 김경일 교수는 'MZ세대의 경제학'이라는 주제로 강연하면서 MZ세대의 특징으로 '대박'보다 '완판'이 더 의미가 있는 '취향 중심의 세대'라는 인상적인 이야기를 한 적이 있다.

"많은 분들이 유튜브를 하시면 거기서 조회 수로 대박이 나길 원해요. 그런데 지금의 진짜 MZ세대, 그중에서도 알파세대까지 내려가면 결국 많은 조회 수를 원하는 게 아니라 나 같은 사람을 찾는 걸 원해요. 그래서 이제 대박이란 말보다 완판이란 말이 더 많이 나오죠. 대박이란 말은 하나의 물건을 만들어서 그게 수백만 명한테 팔리는 시대의 법칙입니다. 완판이라는 말은 다종 소량 생산된 물건들이 팔리고 있다는 뜻이에요."

그는 휠라FILA를 예로 들며 40대 이상에게는 올드 브랜드라서 인기가 떨어지는 이 휠라가 MZ세대에게 불티나게 팔리는 이유가 과거를 경험하지 못한 이 세대에게 신선함이라는 공감대를 형성했기 때문이라고 말했다. 휠라는 MZ세대 중심의 마케팅으로 2020년 매출 3조 1,288억 원에서 2021년 전년 대비 약 21퍼센트 증가한 매출 3조 7,939억 원을 기록했다. 휠라가 이렇게 특정 타깃층에 확실하게 어필하면서 완판 행진을 이어가는 이유는 남들과 다르게 보이고 싶어 하는 그들의 취향이 반영된 결과라는 것이다.

SNS가
생각과 행동을 조종한다

한편 SNS에 자신의 사생활을 아카이빙하면서 현재뿐 아니라 과거사도 지워지지 않고 생명력을 얻게 되었다. 페이스북, 인스타그램, 트위터 등 SNS를 소유한 기업은 이런 빅 데이터까지 갖게 되었고, 이를 이용해 소비자가 좋아할 만한 알고리즘을 맞춤 설정하여 보여 주기 때문에, 개인의 취향은 자신도 모르는 사이 갈수록 편향적으로 강화된다.

개인 정보는 광고 업체에도 팔려 나가고 있다. 최근 쇼핑 리스트를 생각해 보라. 필요해서 산 것보다 SNS를 보다가 필요하다고 느껴 사게 된 물건이 더 많을 것이다. 넷플릭스의 다큐멘터리 〈소셜 딜레마〉는 빅 데이터와 알고리즘의 문제를 자세하게 해부하고 대중에게 경고하여 화제를 모으기도 했다.

우리는 인터넷으로 그 어느 때보다 관대한 표현의 자유를 누리는 동시에 신상 정보가 침해되고 게시물 하나로 성급하게 누군가의 인성을 지레짐작해 버리는 감시 체제 속에 살고

소셜 비헤이비어

있다. 《인간 본성의 법칙》에서 로버트 그린Robert Greene은 우리가 과거에 비해 더 합리적이고 이성적인 시대에 살고 있다고 믿지만 오히려 소셜 미디어에 의해 인간 내면의 그림자를 억압당하고 있다고 지적한다.

우리의 의식적이고 사회적인 자아와 무의식적 그림자가 지금처럼 심하게 분열된 적도 없었다. 우리는 '올바름'이라는 강력한 규칙을 강요하는 문화에 살고 있다. 요즘 소셜 미디어에서 흔히 볼 수 있는 것처럼 이 규칙을 지키지 않으면 망신을 당한다. 우리는 이타적 태도라는 이상향에 부응해야 하는데 그것은 가능하지 않다.

그리고 우리는 새로운 시대정신을 마주하고 있다. 바로 ESG, 지속 가능성이다. ESG는 환경environment, 사회social, 지배 구조governance를 의미하는 말로 기업이 친환경적으로 제품을 생산하고, 사회적으로 책임을 다하며, 기업의 지배 구조를 개선하여 투명하게 경영해야 지속 가능한 발전을 할 수 있다는 철학을 말한다. 소비자들은 이제 기업이나 개인이 이전보다 더 윤리적인 방식으로 시장의 지속 가능성을 실천하는 삶을 영

위해 나가길 바라게 되었다.

나보다 나에 대해
더 잘 아는 스마트폰

작게 보면 한 인간이지만 넓게 보면 문명의 패턴을 바꾼 디지털 네크워크, 소셜 플랫폼에서 일어난 모든 일이 손바닥만한 스마트폰 안에서 벌어지는 일이라는 것이 흥미롭지 않은가? 스마트폰은 어느새 나보다 나를 더 잘 아는 내가 되었다. 그래서 나는 스마트폰을 종종 '어태치드 브레인attached brain'이라고 부른다. 말 그대로 휴대용으로 뇌를 하나 더 달고 다니는 셈이다.

'개인의 삶과 사회를 바꿀 33가지 미래상'이라는 부제를 달고 《중앙일보》가 기획한 《10년 후 세상》이라는 책이 있다. 그 책에서는 미래 트렌드로 뇌와 기계가 연결되는 신경 혁명을 제시한다. 영화 〈매트릭스〉나 애니메이션 〈공각기동대〉처럼 뇌와 기계를 연결해 생각만으로 기계를 조종하거나 정보를 뇌 속에 저장하는 기술이 현실이 되는 날이 앞당겨질 것이라는 뜻이다. "지금 우리는 모든 삶을 정보라는 정신적 형태로 번역하고 있는 것이다"라는 매클루언의 말이 다시 한번 와닿는다. 앞으로는 이 SNS라는 미디어를 통해서 소비자의 소셜 비헤이비어를 설계하고 유발하는 11가지 코드를 공개할 것이다.

Insight

소셜 비헤이비어란 인간의 사회적인 행동이 개인의 개인적 특성과 사회적으로 처한 상황에 따라 결정되는 것을 말한다. 마케팅 전략을 세울 때는 어떤 콘텐츠를 먼저 만들 것인지가 아니라, 사람들의 생각과 행동을 유발하기 위해 어떤 소셜 미디어 플랫폼을 활용할 것인지, 그리고 이를 사용하는 사람들의 특징은 무엇인지 첫 번째로 파악해야 한다.

Code

2

검색창을 보면 행동이 보인다

| 플랫폼 |

플랫폼의
톤 앤 매너

'톤 앤 매너tone and manner'라는 말이 있다. 어감을 뜻하는 톤tone 과 태도를 의미하는 매너manner를 합친 이 말은 마케팅에서 어떤 콘텐츠를 만들거나 비즈니스 전략을 기획할 때 사용할 이미지, 어조, 문체, 색감의 조화 등 전반적인 콘셉트를 의미한다. 톤 앤 매너는 콘텐츠를 다루는 영역에서 자유롭게 사용되는데, 예를 들어 공적인 매체인 신문은 객관적인 사실을 기본으로 하기 때문에 웃음을 유발하는 이미지, 즉 '짤'이나 '밈'*을

---

* '짤'은 네티즌들이 자신의 게시글이 삭제되는 걸 막기 위해 '잘(짤)림 방지'용으로 올리던 이미지를 가리킨다. 이제는 대중적인 용어로 사용되며 주로 웃긴 이미지를 '짤'이라고 한다. '밈meme'은 인터넷이나 방송 등에서 시작되어 오프라인으로까지 번진 문화, 유행어 등 유무형의 콘텐츠를 가리킨다.

사용하기 어렵지만, 인터넷에 네티즌들이 올리는 게시물에서는 감동, 실소, 분노 같은 감정을 공유하기 위해 다양한 짤과 밈을 사용한다.

SNS, 인터넷 커뮤니티 등 대면하지 않고 시각적 정보에 의존하는 온라인에서는 팔로워나 유저들끼리 동질감을 느끼기 위해 자신들끼리 주고받는 콘텐츠의 톤 앤 매너가 중요해진다. 어떤 커뮤니티에 속하려면 마치 게임의 룰을 알고 입장하는 것처럼 그 커뮤니티의 톤 앤 매너를 알아야 하는 것이다. 이를 알지 못한 채 일방적으로 기업이 가진 언어로만 소통하고 콘텐츠를 만들어 전달한다면 타깃하려는 소비자에게 가닿을 수 없다.

넷플릭스 드라마 〈마스크걸〉에는 노모가 아들이 의문의 살해를 당하자 단서를 찾기 위해 아들이 생전에 사용하던 커뮤니티에 접속하는 장면이 나온다. 처음에는 아들이 접속하던 커뮤니티와 결이 맞지 않는 정중한 말투를 사용해서 퇴장당하던 노모는 자연스럽게 잠입하기 위해 유저들이 채팅창에서 사용하는 언어를 습득해 아들처럼 행세하며 단서를 캐내는

데 성공한다.

만약 노모가 아들이 생전에 활동하던 커뮤니티 사이트에 우리가 흔히 연상하는 실종 포스터를 내걸었다면, 노모가 사이트의 유저들과 적극적으로 소통할 수 있었을까? 오히려 유저들은 자신이 범죄에 연루될 수 있다는 두려움에 거리를 두거나, 노모와 이 사이트의 톤 앤 매너가 맞지 않는다며 영원히 '강퇴'를 시켰을지도 모른다. 콘텐츠를 제작하고 마케팅을 하려면 팔로워나 유저만큼 플랫폼을 이해하는 것이 필수인 이유다.

MZ는
네이버에서 검색하지 않는다

지금 이 글을 읽는 사람 중 궁금한 게 생겼을 때 네이버를 켜고 검색을 하는 사람이 있다면, 그리고 실례가 아니라면, 2024년 기준 아마도 40대 이상일 확률이 높다. 온라인에 익숙하고 스마트폰과 함께 자란 MZ세대들은 검색할 때 인스타그램이나 유튜브를 켠다. 글 위주의 네이버보다 이미지와 영상

위주의 SNS가 더 친밀하기 때문이다.

MZ세대는 글보다 짤과 밈처럼 이미지로 소통하는 데 거리낌이 없고 수시로 SNS에 자신의 일상을 이미지로 업로드하는 걸 즐기기 때문에 다른 사람들의 삶이나 생각도 이미지로 보는 것을 편하게 느낀다. 그래서 MZ세대는 자신이 알고 싶은 게 있을 때 네이버로 글을 읽기보다는 인스타그램으로 이미지를 보고, 유튜브로 영상을 시청한다. 그래도 네이버를 켠다면 전화번호나 주소 같은 기본 정보를 찾을 때 혹은 블로그를 통해 조금 더 상세한 정보(주로 후기)를 알아보고 싶을 때다.

인스타그램은 '해시태그#'라는 기능이 특징이다. 특정한 단어를 입력했을 때 다른 사람들이 동일한 해시태그를 적어서 업로드한 게시물을 모두 볼 수 있는 장점이 있다.* 게시글에 해시태그를 달면 검색창에 그 해시태그만 넣어도 관련된 사진과 이미지가 담긴 피드만 나열되기 때문에 MZ세대는 자신이 원하는 정보를 손쉽게 얻을 수 있다. 비록 공식적인 정보나 자세한 후기는 알 수 없지만, 그곳의 분위기, 체험한 사람들의

---

* 인스타그램에서는 2023년 4월부터 같은 해시태그만 달았다면 모두 볼 수 있었던 '최근 게시물' 기능을 없애고, 인스타그램 알고리즘이 추천하는 게시물만 볼 수 있게 했다.

소셜 비헤이비어

●● 같은 검색어를 네이버(왼쪽)와 인스타그램(오른쪽)에 검색했을 때의 차이

•• 인스타그램에 시몬스의 '하드웨어 스토어'를 검색하면 나오는 게시물들

이야기가 더 중요하므로 문제가 되지 않는다. 인스타그램은 이미지로 소통하는 플랫폼이기 때문에 '보여지는 것'이 중요한 이 세대의 감성에 딱 맞다.

시몬스의 팝업 스토어 중 하드웨어 스토어를 인스타그램에 검색할 때 나오는 게시물들을 보면 객관적인 정보보다는 자신의 감상, 또는 특별한 글 없이 올린 자신의 인증샷, 감성적인 풍경 사진 등이 더 많다는 걸 알 수 있다.

인스타그램을
쓰는 사람은 누구일까?

그럼 정보를 찾거나 게시물을 올릴 때 네이버를 사용하는 사람, 유튜브를 사용하는 사람, 인스타그램을 사용하는 사람은 어떻게 다를까? 우연히 〈테니스 코트가 데이트 코스로…코리아 오픈 1만 명 몰렸다〉라는 제목의 기사를 하나 보았다. 나는 이를 보고 미국에서 열리는 테니스 대회인 'US오픈'이 생각났다. '국내에서도 테니스가 굉장히 문화적인 이벤트로 바뀌는구나' 하

테니스 코트가 데이트 코스로...코리아오픈 1만명 몰렸다

조선일보 2022.10.02. 오후 8:17 | 최종수정 2022.10.08. 오전 12:08

일요일인 2일 오후 올림픽공원 테니스 경기장은 남자 프로테니스(ATP) 투어 유진투자증권 코리아오픈 남자단식 결승전을 보기 위한 팬들이 장사진을 이뤘다. 각종 테니스 용품 업체들이 마련한 행사 체험장에도 줄이 50m 넘게 이어졌다.

2일 서울 송파구 올림픽공원 테니스경기장에서 열린 남자프로테니스(ATP) 투어 유진투자증권 코리아오픈 결승에서 관중들이 경기를 관람하고 있다. 2022.10.02/ 뉴시스자료사진 © 저작권자

이날 KAL컵 코리아오픈(1987~1996년) 이후 26년 만에 열린 최상급 국제대회를 보기 위해 전국에서 1만명(공식입장 9931명)에 가까운 팬들이 올림픽공원 테니스장을 찾았다. 권순우·정현 등 국내 스타들이 중도 탈락했는데도, 팬들이 관중석을 꽉 메웠다. 경기도중 비가 내리기도 했지만 자리를 떠난 사람이 없었다. 이번 대회 준결승과 결승 지정석 입장권은 앞서 지난달 21일 일찌감치 매진됐다. 지난주 여자프로테니스(WTA) 투어 코리아오픈 여자단식 결승 때도 만원관중이 몰렸다. 관중 상당수가 젊은 층이었다. 테니스는 고급스포츠로 인식되면서도 용품이나 의류가격이 골프에 비해 상대적으로 저렴해 진입장벽이 낮은 점 때문에 젊은 층이 최근 많이 몰려들고 있다. 한 온라인업체에 따르면 올 상반기 테니스용품 매출이 전년 동기 대비 25%나 증가한 것으로 나타났다.

•• '코리아오픈 테니스'를 다룬 신문 기사

며 '코리아오픈 테니스'라는 키워드를 유튜브에 검색해 봤다.

유튜브 검색 결과에는 박빙의 승부부터 관람 풍경을 담은 영상까지 코리아오픈 테니스에 관한 객관적인 정보나 역사보다 경기를 담은 영상이 주를 이룬다. 즉, 코리아오픈 테니스를 알아보기 위해 유튜브를 먼저 켜는 사람은 실용적인 정보보다는 그날의 생생한 경기가 더 궁금한 사람일 것이다.

반면 같은 키워드를 네이버에 검색하면 날짜, 티켓, 선수 등

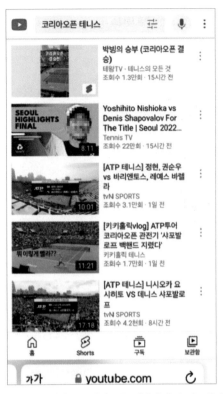

●● 유튜브에 '코리아오픈 테니스'를 검색하면 나오는 게시물들

아주 전형적이고 객관적인 정보들이 검색된다. '파워 블로거' 시대를 연 네이버답게 구체적인 정보를 담은 블로그들이 눈에 띄는데, 그중 '간호사가 만든 보호대, ○○○'이라는 이름부터 자신이 만든 제품에 대한 자부심이 강하게 느껴지는 블로그가 보인다. 들어가 보니 게시물에서도 역시나 경기의 내용이 아주 자

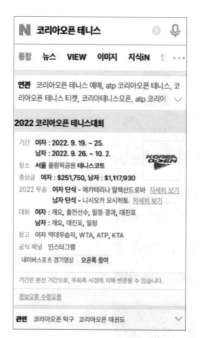

세하게 적혀 있다.

같은 키워드를 인스타그램에 검색해 본다. 유튜브, 블로그와 달리 경기의 내용이나 정보보다는 자신들의 감상과 후기가 주로 올라온다. 경기보다는 경기장을 찾은 자신들의 사진 아래에 '김밥과 샴페인으로'라는 글이 쓰여 있다. 주제는 테니스인데 자신들이 마신 샴페인을 찍어 올리고, 명품 가방도 한 컷 남겼다.

럭셔리 시장은 보통 코스메틱cosmetic으로 시작해서 가방과 신발 같은 레더 제품leather goods, 레디 투 웨어ready to wear, 마지막으로 파인 주얼리fine jewelry와 하이 엔드 워치high end watch*순으로 소비자에게 흘러가는데 이 사람의 게시물에는 애플 워치가 보인다. 이 사람이 젊고 트렌디한 스타일을 추구한다는 걸 유추할 수 있다.

같은 키워드로 검색을 이어가 보니 아예 경기장에서 마신 샴페인에 대해서 쓴 게시물이 있다. 테니스 경기장에 웬 샴페인 이야기가 이렇게 많이 나오는 것일까? 우리는 여기서 해당 샴페인 회사가 귀족 스포츠로 불릴 정도로 고급스럽고 트렌디한 코리아오픈 테니스 경기장에 오는 사람들의 특성에 맞춰 성공적인 프로모션을 했다는 걸 추측할 수 있다.

콘텐츠를 만들기 전에 플랫폼을
먼저 이해하라

---

* 레디 투 웨어는 고급 기성복을, 파인 주얼리는 명품 주얼리를, 하이 엔드 워치는 명품 시계를 말한다.

콘텐츠 이전에 플랫폼을 이해해야 하는 이유는 마치 이 샴페인 회사의 프로모션과 같다. 그 플랫폼에 어떤 특징을 가진 사람들이 있는지를 먼저 알아야 맞춤한 콘텐츠를 제공하고, 마침내 소비자 스스로가 호감을 느껴 제품을 자연스럽게 홍보할 수 있기 때문이다.

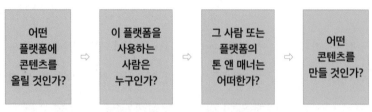

●● 소셜 미디어 플랫폼을 먼저 생각하고 콘텐츠를 만드는 법

아쉽게도 국내 대부분의 기업은 플랫폼 끝에 있는 타깃층에 대한 이해, 즉 플랫폼의 성격을 이해하고 그에 맞춰 활용도를 극대화할 수 있는 콘텐츠를 기획하는 게 아니라, 소위 '핫'한 콘텐츠를 우선 만들어 보고 괜찮다 싶으면 콘텐츠를 모든 플랫폼에 일괄적으로 '태우는 데'* 치중한다. 그러다 보니 매체비 증가는 필연적인데, 실질적인 광고 효과는 그 기대에 못 미친다. 플랫폼을 이해하고 영리하게 활용해야 하는 이유다.

---

* 비용을 쏟아붓는 걸 뜻하는 마케팅 업계 속어다.

소셜 비헤이비어

메타버스에서
Z세대를 만나다

한창 메타버스에 대한 관심이 뜨겁던 2022년 시몬스는 네이버제트의 증강 현실AR 아바타 앱 '제페토ZEPETO'에 주목했다. '제페토'는 AI 기술로 아바타를 만들어 증강 현실에서 활동할 수 있을 뿐 아니라 아바타가 입는 옷, 아이템 등을 직접 제작하고 판매하여 오프라인으로 수익을 창출할 수 있는 크리에이터 플랫폼이다. 제페토는 제작이 쉬우며, 접근성이 높아 메타버스에 거부감이 적은 10대와 20대에게 큰 인기를 끌었고, 2020년 4월 오픈 한 달 만에 8억 원 이상의 매출을 올리며 큰 성공을 했다.

시몬스는 이 제페토를 새로운 광고 플랫폼으로 사용하기로 빠르게 결정했다. 시몬스는 침대만 선보이는 원 아이템one item 회사고 시간이 지나면서 브랜드 이미지가 소비자와 함께 늙어가는 것을 방지해야 한다. 계속해서 신규 고객을 창출하기 위해 고민하는데, 제페토 진출은 지금의 10대와 20대, 즉 미래의 잠재 소비자에게 어필하기 위한 실험적인 시도였다.

●● 네이버제트 제페토

시몬스는 유저들의 아바타들이 시몬스를 경험할 수 있도록
아이템이 거래되는 시몬스의 제페토 아이템 숍을 실제 청담
동에 있는 시몬스 그로서리 스토어 청담 매장 외관을 그대로
옮겨 와 꾸몄다. 이곳의 아이템들은 제페토에서 통용되는 디
지털 화폐NFT로 거래할 수 있었다. 또 시몬스가 제페토에 올
리는 콘텐츠에 유저들이 자신들의 아바타로 직접 체험할 수
있는 공간을 연출했다. 그곳을 찾은 아바타들이 마치 오프라
인을 방문한 소비자들이 그렇듯 그곳에서 사진을 찍어 자신
의 제페토와 SNS에 올리게 될 테고, 그러면 주변에 널리 바이

소셜 비헤이비어

●● 2022년 제페토에 오픈한 시몬스 그로서리 스토어

럴될 것이라고 예상했다.

또한 시몬스 제페토 숍에서 판매되는 제품들은 시몬스 그로 서리 스토어 청담에서도 구할 수 있었는데, 이는 시몬스의 메타버스 진출이 단순히 오프라인의 팝업 스토어를 메타버스에 들이는 것이 목적이 아니라 메타버스에서 일어나는 일들을 오프라인으로 끌어내 양방향으로 시너지를 내는 데 중점을 두고 기획되었기 때문이다.

그 외에도 시몬스의 〈오들리 새티스파잉 비디오Oddly Satisfying Video〉 디지털 아트 영상의 '캘리포니아Pool in California' 편을 모티브 삼은 '멍 때리기_첨벙첨벙'과 '멍 때리기_슈욱슈욱' 또한 아바타가 경험할 수 있었다. 이런 체험들은 모두 숏폼 형태로 SNS에서 공유가 가능하기 때문에 쉽고 폭발적으로 자연스럽게 바이럴이 일어났다.

●● 〈오들리 새티스파잉 비디오〉 중 '멍 때리기_ 첨벙첨벙'(위)과
'멍 때리기_ 슈욱슈욱'(아래)을 아바타들이 체험하는 모습

플랫폼의 특성을 이해한 뒤,
기업이 의도하는 이미지와 스토리를
플랫폼의 톤 앤 매너에 맞게
만들어라

제품과 함께 브랜드 이름도 파는 법

또한 10대, 20대에게 각광받고 있는 젊은 아티스트인 메이 킴, 차인철, 부원 등과 콜라보레이션해 그들의 작품을 제페토의 디지털 화폐로 거래할 수 있도록 했다. 이 아티스트들은 침대와 직접적인 관계가 없다. 하지만 시몬스의 미래 잠재 고객인 Z세대에게 인기 있는 트렌디한 인물들이기 때문에, 이 아티스트들을 모델로 내세우고 이들이 만든 아이템을 거래하는 경험을 Z세대에게 선물할 수 있다. 그러므로 시몬스가 전하고자 하는 메시지, 즉 그들이 성장해서 침대를 사야 할 때 '침대=시몬스'라는 메시지를 가장 효과적으로 전달할 수 있는 기회이기도 하다.

●● 아티스트 메이 킴, 차인철, 부원

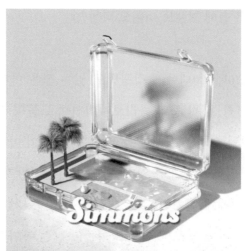

●● 시몬스 〈오들리 새티스파잉 비디오〉 광고를 재해석한
메이킴(위), 차인철(왼쪽), 부원(오른쪽)의 NFT 작품

소셜 비헤이비어

알파세대 자녀에게 팔면
MZ세대 부모가 산다

메타버스 마케팅은 또 다른 효과를 낳았다. 한번은 메타버스에서 진행한 이벤트에 7세 어린이가 참여해 당첨되었다. 그 이벤트는 가상 아이템이 당첨되면 시몬스 그로서리 스토어 청담에서 판매되는 동일한 굿즈를 당첨자에게 실제로 선물하는 독특한 이벤트였다. 그 어린이의 어머니가 자신의 인스타그램에 선물을 찍어 올리고 재밌다는 후기를 남긴 것이다. "우리 아이가 혼자 제페토 시몬스 이벤트에 당첨된 건지 시몬스에서 선물을 보내줬네요 ㅋㅋㅋ"

우리는 여기서 한 가지 연쇄 효과를 보았다. 7세 어린이가 시몬스를 알게 된 것은 물론, 메타버스 이벤트에 참여도 했는데, 그 선물을 받아 인스타그램에 업로드한 건 밀레니얼세대 어머니인 것이다. 이러한 경험은 시몬스에 대한 호감으로 기억될지도 모른다. 훗날 그 어머니는 침대를 사야 할 때 다른 침대가 아니라 시몬스를 먼저 생각하지 않을까?

80년대생 아바타 VS
90년대생 아바타

본격적인 제페토 론칭을 앞두고 먼저 회사에서 아바타를 만들어 보기로 했다. 브랜드 전략팀 팀장들은 보통 1980년대생이고 실무는 1990년대생들이 담당하고 있는데 제페토에서 마케팅하기 전에 다 함께 메타버스를 체험해 보자는 취지였다. 각자 아바타를 만들고 막상 우리끼리 제페토에서 만나는 첫날, 모두의 아바타가 동시에 입장했을 때 재미있는 일이 벌어졌다.

●● 1980년대생 직원이 만든 아바타(왼쪽)와 1990년대생 직원이 만든 아바타(오른쪽)

소셜 비헤이비어

1980년대생 팀장들의 아바타는 누가 봐도 자신임을 알아볼 수 있게 본인의 평소 이미지를 그대로 옮겨 놓은 것이다. 그러니 다른 1990년대생 직원들의 아바타들이 팀장들의 아바타 근처에 갈 리가 있나. 반면 1990년대생들은 자신인지 알 수 없게 아바타를 만들고, 제페토라는 플랫폼 안에 현실과 달리 자신이 평소에 꿈꾸던 모습대로 집을 꾸미고 옷을 입는 등 저마다의 세계를 세운 모습이 흥미로웠다. 디지털 네이티브 세대인 1990년대생들은 메타버스라는 플랫폼을 이해하고 그 톤 앤 매너에 맞춰 콘텐츠를 제작한 것이다.

Insight

당신이 타깃하고자 하는 소비자층이 사용하는 언어와 말투를 습득하고 있는가? 플랫폼을 누가 사용하는지를 먼저 이해해야 콘텐츠의 톤 앤 매너를 결정할 수 있다. 좋은 콘텐츠는 잘 만든 콘텐츠 이전에 타깃층이 바로 이해할 수 있는 콘텐츠다.

Code

3

시장을 흔드는
새로운 계급이 탄생하다
| 인플루언서 |

사회가 급변할 때
사회 계층도 바뀐다

인도의 카스트제도, 유럽과 조선의 신분제도처럼 계급은 피라미드 형태로 공고하게 존재했다. 그 층위가 얼마나 견고했는지 옛날에는 신분 상승을 천지개벽, 즉 하늘과 땅이 처음으로 열린다는 천지창조에 빗댈 정도였다. 그러나 넓게 보면 역사는 깨지지 않을 것 같은 이런 질서를 뒤흔드는 사건이 일어나고 사람들이 여기에 적응하며 이 피라미드가 재편되는 과정이다.

흑사병은 유럽의 봉건제를 무너뜨리는 데 결정적 역할을 했다. 1347년 이후 약 3년간 유럽에 흑사병이 돌기 시작하면서 인구의 3분의 1 정도가 사망했는데 영주보다 영양 상태가 부실하고 위생 상태가 좋지 않던 농노에게 치명적이었다. 그 결과 영주의 땅을 경작할 노동력이 부족해지자 살아남은 농노의 몸값은 치솟았고 많은 돈을 번 농노들의 소비가 증가하며 시장이 번성했다. 농노는 농민과 노예를 합친 말이었지만 시장 경제의 주축이 되면서 덩달아 지위가 향상했다. 자본주의가 태동한 것이다.

코로나19가 탄생시킨 인플루언서라는 소셜

코로나19도 어떠한 판도를 바꾼 특이점이라는 측면에서 흑사병과 비슷하다. 흑사병처럼 그 시작은 전염병이었지만 결론적으로 세계를 4차 산업 혁명* 시대로 단번에 진입시킨 것은 물론 인플루언서라는 새로운 직업이자 계급까지 만들어 냈기 때문이다. '영향'을 뜻하는 'influence'에 사람을 일컫는

---

* 인공지능^AI, 사물인터넷^IoT, 로봇 기술, 드론, 자율주행차, 가상현실^VR 등이 주도하는 차세대 산업 혁명으로 초연결과 초지능을 특징으로 한다.

소셜 비헤이비어

접미사 '-er'이 합쳐진 '인플루언서influencer'는 말 그대로 '영향력 있는 사람'을 가리킨다. 인플루언서는 2019년 영어 사전에 공식적으로 등재될 정도로 하나의 현상으로 자리 잡았다.

특히 여기서 내가 다루고자 하는 건 SNS와 함께 시작된 인플루언서들이다. 방송 같은 데서 정식으로 데뷔한 건 아니지만 블로그, 페이스북, 인스타그램, 트위터 등에서 자신만의 콘텐츠로 수많은 팬들, 즉 팔로워들을 양산했다. 인플루언서들은 그들에게 크고 작은 영향력을 행사했는데, 코로나19를 기점으로 그 영향력이 슈퍼스타 못지않게 강력해졌다.

이들이 연예인과 다른 점은 여러 가지이지만, 가장 큰 차이점은 인플루언서의 영향력이 미치는 범위가 주로 소비 시장에 집중되어 있다는 점일 것이다. 인플루언서들은 연예인만큼 대중적이진 않지만, 틈새시장에서, 대박이 아닌 완판을 주로 해낸다. 역사상 처음으로 유명세와 인지도를 팔로워 수로 구체적으로 가늠할 수 있는 시대다. 인플루언서들은 자신의 SNS 팔로워들에게 제품을 광고하거나 완판을 기획해 판매하며 과거 연예인이나 사교계의 명사를 능가하는 명성과 부를 누리는 셀러브리티celebrity가 되었다. 대박보다 반복적인 완판이 인플루언서의 네임 밸류에 중요한 이유는, 뒤에서 자세히 이야기하겠지만 인플루언서와 팔로워의 관계가 마이크로micro한 규모의 취향 공동체이기 때문이다.

팬데믹으로 번성한
인플루언서

코로나19로 인해 사람들은 생활 반경이 집과 그 주변 지역에 묶이는 초유의 사태에 직면했다. 그러면서 사람들은 컴퓨터와 스마트폰을 통해 세상과 연결되는 데 전보다 더 익숙해졌다. 물리적인 공간은 극도로 줄었는지 몰라도 전 세계 사람들이 각자의 집에서 보이는 풍경을 촬영해 유튜브에 올리며 댓글로 소통하는 등 온라인으로 경계 없이 넓어진 세계를 경험했다. 익명 또는 실명으로 연결된 사람들은 서로의 SNS에서 사진, 영상, 텍스트를 보고 마음에 들면 팔로우follow하면서 자신의 취향을 공고히 하고 자신과 결이 맞는 사람들과 적극적으로 소통하는 비대면 친목에 능숙해졌다.

게다가 팬데믹으로 해외여행 등이 어려워지자 그 반작용으로 명품 같은 사치재를 사며 소비 욕구를 푸는 '보복 소비'나 '플렉스flex 문화'가 생겼다. 온라인 플랫폼에는 자신이 쇼핑한 물건의 '포장을 풀어 보면서' 팔로워들과 공유하는 '언박싱unboxing' 콘텐츠와 제품을 대량으로 구매한 뒤 소개하는 '하울haul'* 콘텐츠가 트렌드가 되었다.

그 외에도 맛있는 걸 먹는 사람의 모습이 콘텐츠인 '먹방'이 대중오락 프로그램 역할을 하는가 하면 헬스, 뷰티, B급 문화부터 정치까지 장르를 가리지 않는 콘텐츠가 온라인 플랫폼에서 대량으로 생산되었다. 이 모든 것의 중심에는 인플루언서가 있다. 이들이 만든 콘텐츠들은 대중에게 확산되며 곳곳으로 흘러가 취향을 건드리기도 하고, 만들어 내기까지 한다.

사람들의 관심사가 다양해지고 콘텐츠를 제작하는 것이 쉬워지면서 자신만의 콘텐츠로 큰 인기를 모은 이들은 유튜버, 크리에이터, 셀러브리티 등의 이름을 넘어 인플루언서라는

---

* '물고기가 가득한 그물을 잡아당기다' '물건이 가득 찬 수레를 운반하다' 등의 뜻으로, '가방 하울' '화장품 하울' '옷 하울'처럼 주로 명품, 화장품, 옷 등 여러 제품을 한꺼번에 사서 소개하는 영상 콘텐츠를 말한다.

새로운 직업이자 계급으로 태어났다. 이들은 인지도가 밑천이기 때문에 팔로워를 주도하면서도 자신의 팔로워에게 매우 친절하고 충성적인 특징이 있다. (대중의 취향과 호불호가 이렇게 힘을 가졌던 적이 없었던 것 같다.) 팔로워들이 자신을 더 이상 '좋아요' 하지 않으면, 그들의 영향력도 떨어지기 때문에 팔로워들과 실시간으로 소통하며 유대감을 쌓는 라이브 방송을 수시로 열고, 댓글에 꼬박꼬박 답변을 다는 일도 활발하다.

인플루언서가
만든 새로운 시장

인플루언서들은 자신을 애정하는 팔로워들의 소비 욕구를 부추겨 새로운 시장을 창출했다. 인플루언서가 업체로부터 물건을 다량으로 협찬받아 팔면 팔로워들이 한꺼번에 저렴한 가격에 구매하는 '공구(공동 구매)'나 '인스타그램 마켓', 팔로워들에게 자신의 글이나 그림 등 콘텐츠를 월정액을 받고 파는 구독 시장까지 활발하게 생겨났다.

마치 디지털 보부상처럼 인플루언서들은 소문이나 트렌드를 빠르게 팔로워들에게 퍼 나르기도 한다. 인플루언서들에게 팔로워의 수는 돈을 버는 막강한 수단이자 시장에서 자신의 영향력을 측정하는 척도이다.

기존의 셀러브리티들이 영화, 드라마, 음악 등으로 성공하면 그 후광을 어림잡아 몸값으로 대우하던 방식과는 판이하게 다르다. 그들의 팔로워를 분석하면 나이와 성별, 라이프 스타일 등 타깃팅이 정밀해지는데, 그렇기 때문에 자사의 제품을 홍보하고자 하는 기업의 입장에서 인플루언서는 더할 나위 없는 경제적인 홍보 도구다.

또한 인플루언서는 SNS를 이용해 직접 물건을 팔거나 아예 브랜드를 론칭하기도 한다. 팔로워 숫자가 늘면 인플루언서는 모델로서의 가치와 브랜드 네임의 레벨이 올라가고 그래서 팔로워는 더 늘어난다. 128만여 명의 구독자를 가진 뷰티 유튜버 회사원A가 올리브영과 라이브 방송을 하며 물건을 팔기도 하고, 3억 6,000여 명의 팔로워를 가진 미국의 인플루언서 킴 카다시안kim kardashian은 속옷 브랜드 스킴스Skims를 론칭하

kimkardashian ✓ [팔로우] [메시지 보내기]

게시물 **6170**   팔로워 **3.6억**   팔로우 **293**

Kim Kardashian

ⓑ kimkardashian

@SKIMS @SKKN @SKKYPARTNERS

⬡ skknbykim.com

●● 킴 카다시안의 인스타그램 프로필(위)과 그가 론칭한 속옷 브랜드 스킴스(아래)

며 2022년 약 6,600억 원의 수익을 올리기도 했다. 인플루언서라는 새로운 직업이자 계급은 이렇게 시장의 모습을 바꾸어 놓고 있다.

Insight

인플루언서는 코로나19가 견인한 직업이자 계급이라 할 수 있다. 인플루언서는 팔로워들에게 영향력을 행사하며 취향을 중심으로 한 시장을 만들어 냈다. SNS 팔로워 규모를 통해 영향력을 예측하는 것이 용이할 뿐 아니라 기업의 입장에서는 인플루언서의 팔로워의 연령, 성별 등을 분석해 소비자층을 정밀하게 타깃팅할 수 있다.

럭셔리 패션을 사회적 트렌드로 만든 LVMH

데이나 토머스Dana Thomas가 쓴 《럭셔리》는 이탈리아, 프랑스 등에서 소규모 공방으로 운영되던 루이비통, 디올 같은 명품 브랜드가 어떻게 1990년대 이후 재벌들이 경영하는 거대 비즈니스로 변화했는지를 흥미진진하게 다루고 있다. 그 중심에는 세계 최고 부호 자리를 두고 경쟁하는 LVMH의 베르나르 아르노Bernard Arnault 회장이 있다.

그는 패션과 관련이 없는 배경에서 나고 자랐고, (저자에 따르면) 패션 센스도 없지만 사치재 브랜드 네임이 가진 시장성을 꿰뚫어 보았다. 베르나르 아르노는 명품을 "시대를 초월하고 현대적이고 급성장하며 영원히 고수익을 가져오는 것"이라고 말했다. 그는 1990년대 이후 온갖 명품 브랜드를 조사해 나이 든 창업자와 무능한 후계자들로부터 브랜드를 매수하거나 인수한 뒤 세계의 모든 매장, 로고, 제품 등을 철저히 자신의 그룹, LVMH 아래 통일하고 브랜딩했다. 1980년대 파리에서 잘나가던 명품 브랜드들이 라이선스를 남발하며 명품으로서의 가치를 잃고 망해 가던 것과 반대였다. 아마 이 글을 읽는 당신도 한 번쯤 피에르 가르뎅Pierre Cardin표 우산, 파코 라반PACO RABANNE이 찍힌 수건을 본 적이 있을 것이다.

일명 아르노 전략의 포인트는 패션에서 디자인보다 상징성에 초점을 맞춘 것이다. "중요한 건 평단의 호평을 받느냐, 혹평을 받느냐가 아닙니다. 잡지나 신문 1면에 나오느냐, 마느냐가 중요하죠." 그는 브랜드들에 차례로 신진 디자이너를 영입하며 콧대 높고 보수적인 파리 패션계를 경악시켰다.

뉴욕의 젊은 천재 디자이너로 주목받던 마크 제이콥스Marc Jacobs는 페리 엘리스Perry Ellis라는 뉴욕의 고급 브랜드 디자이너로 일할 때 옷에 일부러 구멍을 내고 올을 풀어 너덜너덜하게 만든 그런지 룩grunge look을 선보였다가 해고된 상태였다. 베르나르 아르노는 그의 이런 기행에도 루이비통의 디자이너로 발탁했다. 그리고 마크 제이콥스는 길거리 문화를 상징하는 그라피티graffiti를 루이비통 가방에 디자인해 큰 반향을 일으켰다.

●● 디올의 디자이너였던 존 갈리아노

또 디올의 디자이너로 하류층 출신의 흥청망청한 파티 보이였던 존 갈리아노John Galliano를 발탁했다. 그는 파리지앵 귀족을 상징하던 브랜드 이름으로 모델에게 파격적인 란제리 룩을 입히고 게이샤 메이크업을 시키는 충격적인 퍼포먼스를 보였다. 급기야 패션계의 포르노 시크porno chic 트렌드를 뜨겁게 달구며 디올은 글래머러스하고 현대적인 패션의 상징으로 새롭게 거듭났다. 오드리 헵번Audrey Hepburn의 우아함이 상징이던 지방시에는 런던 출신의 알렉산더 맥퀸Alxeander McQueen을 영입했는데, 그는 한술 더 떠 매번 옷에 대한 모독이라는 논란을 일으키던 인물이었다. 그의 별명도 '무서운 악동'이라는 뜻의 '앙팡 테리블enfant terrible'일 정도다.

　어쨌거나 이들은 끊임없는 쇼와 이벤트, 파티를 슈퍼 모델과 함께하며 럭셔리 패션을 마치 엔터테인먼트의 한 장르처럼 만들어 냈다. 쿨, 핫, 글래머, 시크, 엣지edge 등 스타일을 수식하던 단어들은 이내 퍼스널리티persnality를 상징하는 단어로 사용되기 시작했다. 예를 들어 패리스 힐튼Paris Hilton이 리얼리티 쇼에 나와 버릇처럼 쓰던 "핫"이라는 말은 명품 로고로 가득한 Y2K 스타일을 가리키는 동시에 그에게 '거침없는 사고뭉치 할리우드 파티 걸'이라는, 세기말을 논할 때 빼놓을 수 없는 클럽 문화의 상징으로 이미지 메이킹했다.

Step

2

말하지 않아도
원하게 하라

Code

4

소비자는 온라인에서
다른 얼굴을 한다
| 캐릭터 |

멀티 페르소나란
무엇인가?

미국 팝스타 비욘세는 어릴 때부터 교회 성가대에서 활동했다. 그는 자신의 재능과 끼를 알아본 부모님 덕분에 열여섯 살에 걸그룹 데스티니스 차일드Destiny's Child로 데뷔했다. 이내 전국적으로 유명해지긴 했지만 독실한 기독교 가정에서 자란 데다 내성적인 성격이던 그녀는 무대 위에서 외설적인 노래를 부르고 섹시 댄스를 추는 게 힘들었다고 한다.

그래서 '사샤 피어스Sasha Fierce'라는 이름의 알터 에고alter ego*

* 라틴어로 '다른 나'라는 뜻으로, 본래 나의 모습과 다른 자신이 있다고 믿는 것이다. 19세기 초 심리학자들에 의해 사용되며 널리 알려졌다.

를 만들어 당대 최고의 팝스타로 자리매김하는 데 성공했다. 그룹 해체 후 솔로로도 성공 가도를 달리던 비욘세는 2008년 자신의 진짜 모습을 담은 〈I Am〉과 사샤 피어스의 모습을 담은 〈Sasha Fierce〉라는 노래를 담은 플래티넘 앨범을 발표한다. 이 앨범은 전 세계적으로 600만 장 이상의 판매고를 올리며 그의 정규 앨범 중 상업적으로 가장 성공한 앨범으로 손꼽힌다. 2009년 내한 콘서트를 앞두고 그는 한 인터뷰를 통해 "나는 사샤 피어스를 통해 무대에서 파워풀하고 대담하게 퍼포먼스를 할 수 있어요. 사샤 피어스는 일종의 면죄부입니다"라고 말하기도 했다.

알터 에고는 국내에서 '대체 자아'라고 번역되는데 대표적인 예로 영화 〈스파이더맨〉의 주인공 피터 파커와 그가 각성할 때 등장하는 스파이더맨을 들 수 있다. 스파이더맨은 거미줄 능력으로 빌딩 숲을 자유자재로 건너다니며 악당을 무찌르는 천하무적 슈퍼 히어로지만, 복면 속에 있는 피터 파커는 약간 찌질한 구석이 있고 생활고에 시달리는 흔한 고등학생일 뿐이다.

100개의 SNS,
100개의 캐릭터

토드 허먼Todd Herman은 《알터 에고 이펙트》에서 비욘세를 비롯해 유명인의 사례를 들며 대체 자아의 효용에 대해 언급하고 있다. 여기서는 최근 주목받고 있는 멀티 페르소나multi persona에 대해서도 다룬다. 멀티 페르소나는 코로나19 이후 온라인에서 활동이 증가하고, 메타버스를 기반으로 한 아바타 놀이에 익숙해지면서 생겨난 개념이다. 알터 에고와 비슷하지만, 멀티 페르소나는 한 사람이 사용하는 SNS가 다양해진 것과 관련이 깊다.

각각의 SNS에서는 그에 맞는 톤 앤 매너가 조금씩 다르기 때문에, 멀티 페르소나 역시 달라진다. 인스타그램에서는 이미지 위주로 감각적인 게시물을 올리는 사람이 트위터에서는 연예계 이슈나 정치적 발언을 하기도 하고, 틱톡에서는 재미있는 숏폼을 올리기도 하는 것이다. 인스타그램 하나에도 여러 개의 부계정을 가지고 있는 것이 익숙한 MZ세대에게 이런 멀티 페르소나 문화를 활발하게 찾아볼 수 있다.

원래 게임에서 자신의 캐릭터 외에 키우는 다른 캐릭터를 일컫던 말인 '부캐(부캐릭터)' 역시 코로나19 이후 나타난 개념으로 멀티 페르소나와 유사하다. 멀티 페르소나는 역사적으로도 활발하게 논의되던 주제다. 고대 연극 무대 위에서 연기자가 여러 인물을 연기하기 위해 사용한 다양한 가면이라는 뜻 그대로, 멀티 페르소나라고 하면 온라인 플랫폼이라는 여러 무대 위에서 상황에 맞춰 가면을 쓰고 자신을 변신시킨다는 의미다. 이미 우리는 직장인이나 아버지, 엄마, 자식, 며느리 등으로 때에 맞춰 24시간 역할극을 수행해 왔지만 사생활에 대한 관심과 존중이 높아지고 생활 반경이 온라인으로 넓어지며 페르소나도 다채롭게 확장되고 있는 것이다.

아이를 낳고 육아를 하며 경력 단절에 대해 고민이 많은 아내는 이 책을 읽고 자신에게도 사샤 피어스 같은 '가면(페르소나)'이 필요하다고 했지만 아직도 만들지 못하고 있는 것 같다. 아마도 현실의 실제 자아를 벗어던지기가 쉽지 않기 때문일 것이다. 차라리 가볍게 자아는 그대로 두고, 부캐를 만들겠다고 생각했다면 조금 속도가 붙었을지도 모른다.

페르소나보다는
캐릭터

다만 개인을 온라인으로 확장한 '디지털 자아'까지 포함해 지칭한다면 페르소나보다는 캐릭터로 이 트렌드를 해석할 필요가 있다. 페르소나가 (사회적인) 관계 속에서 표현되는 나의 분신 같은 자아라면, 캐릭터는 다양한 플랫폼에 맞춰 새로운 버전으로 내가 직접 창조하는 자아다. 캐릭터는 소설이나 영화 등 창작물에 등장하는 인물이라는 뜻도 있는데, 그래서인지 캐릭터가 만들어질 때는 가공의 세계관도 함께 창조된다는 점이 흥미롭다.

사전적 의미에서 세계관은 민족성, 전통, 교육, 운명 따위에 공통된 가치를 기반으로 세계를 이해하는 방식을 뜻한다. 기독교적 세계관에서 인간은 구세주 예수와 성경을 믿고 따르는 것으로 하나님의 은총을 통해 구원받을 수 있지만 불교적 세계관에서는 스스로 선택한 고행을 통해 해탈의 경지에 오르는 것을 구원이라고 본다.

얼핏 관념적이고 철학적으로 보이지만 대중문화에서 세계관은 SF 시리즈물에서 주로 사용되는 일종의 콘셉트(설정)에 가깝다. 예를 들어 스파이더맨, 엑스맨, 아이언맨 등은 평소 각자의 유니버스(세계)에 살다가 뭉쳐서 어벤져스가 될 때는 또 다른 유니버스에서 만나는데, 이렇게 여러 개의 유니버스가 모인 멀티버스가 '마블 유니버스'라는 세계관이다. 이러한 캐릭터와 세계관 코드는 다양한 온라인 플랫폼을 만나면서 MZ세대에게 하나의 '놀이'처럼 번져 가고 있다.

부캐와 세계관이 매력적인 건 타고난 인종, 성별, 지위 등 자신이 갖고 태어난 경계와 한계를 뛰어넘을 수 있고 자신이 원하는 대로 창조할 수 있기 때문일 것이다. 〈어벤져스〉〈엑스맨〉〈해리포터〉〈포켓몬스터〉 등을 경험하며 자란 MZ세대에게 이런 부캐와 세계관은 누가 가르치지 않아도 이미 자연스럽다.

10대 때부터 공식적인 이메일 아이디, 게임에서 욕하면서 쓰는 아이디, 블라인드 앱이나 데이팅 앱에 은밀하게 로그인할 때 쓰는 아이디 등 온라인 플랫폼에서 여러 아이디를 만들어 사용해 왔기 때문에 각각의 톤 앤 매너에 맞춰 서로 다른 캐릭터로 자신을 표현하는 데 익숙하다. 그곳에서 나의 실제 성격, 퍼스널리티를 대변하는 현실의 페르소나는 대부분 희석되고 내가 창조한 캐릭터들이 온라인 플랫폼에 맞춰 파견된다.

스마트폰과
캐릭터

우리는 스마트폰을 통해 사회와 연결되어 있다. 그래서 스마트폰의 배경 화면이나 앱의 정렬 방식만 봐도 어느 정도 그 사람의 캐릭터를 알 수 있고 소셜 비헤이비어까지 유추해 볼 수 있을 것이다. 다음 세 가지 스마트폰 배경 화면을 예로 들어 보자.

●● 각기 다른 배경화면을 가진 스마트폰들

왼쪽의 배경 화면을 보자. 일단 코스모스 풍경 위에 옛날 달력과, 시계에 숫자도 큼직큼직한 게 이 사람은 어딘지 40대 부장님 정도의 연배로 추측된다. 가운데 배경 화면을 보면 이 사람은 일단 음악을 유튜브로 듣는다. 근무 시간인데 확인하지 않은 카카오톡도 여덟 개나 있다. MZ세대는 카카오톡을 회사 등에서 오피셜하게 쓰고 개인적인 연락은 인스타그램 DM을 통하는 경우가 더 많으니 이 사람은 MZ세대라는 생각이 든다. 오른쪽 배경 화면에는 아주 특이하게도 앱이 색깔별로 정리되어 있다. 이 스마트폰의 소유주는 굉장히 개성 있는 성격인 것 같고, 안 읽은 카카오톡이 무려 112개인 걸 보니 역시 어리다는 걸 알 수 있다. 그런데 내 예상은 보기 좋게 빗나갔다. 이 세 스마트폰이 사실은 한 사람의 것이었기 때문이다.

스마트폰과 동화되어 생활하는 MZ세대는 그때그때 기분이나 원하는 콘셉트에 따라 스마트폰의 배경 화면을 다르게 만들어 디지털 자아의 캐릭터를 리셋한다. 다양한 플랫폼을 오가며 생활하는 MZ세대의 소셜 비헤이비어를 해석하기 위해 변덕스러운 멀티 캐릭터에 대한 이해가 필요한 이유다.

스마트폰의 배경 화면이나
앱의 정렬 방식만 봐도
그 사람의 캐릭터를 알 수 있고
소셜 비헤이비어까지
유추해 볼 수 있다

캐릭터와
세대 차이

그렇다면 세대별로 캐릭터는 어떤 차이를 보일까. 우리는 인간 수명 100세 시대에 진입했다. 80세까지 일한다고 해 보자. 지금 일터에서 만나는 20대와 40대의 차이를 생각하면 20대와 80대가 한 일터에서 만난다는 건 세대차가 굉장할 것으로 생각하지만 오히려 그렇지 않을 수 있다. 왜냐하면 디지털 자아의 범위가 온라인을 넘어 오프라인으로 확장될수록 우리는 사회 안에서 실제로 대면하는 것이 아니라 캐릭터로 서로를 상대하게 될 것이기 때문이다. 예를 들면 노인을 주 소비자층으로 대하는 실버 마켓silver market에 대한 이야기가 요즘 많은데, 일단 나이로 세대를 구분한 '실버'라는 단어부터 더 이상 유효하지 않아 보인다.

1950년대에서 1970년대에 태어난 베이비 부머와 X세대 즉, 지금의 중장년층은 스마트폰과 컴퓨터를 자유롭게 조작할 수 있고 그 안에서 원하는 대로 커뮤니케이션할 수 있는 세대이기 때문이다. 단순히 나이가 아니라 특히 이 스마트폰을 얼마나 다룰 수 있는지에 따라 세대차가 벌어지고 있기 때문에 우리는 이들을 '그랜드 제너레이션grand generation'*이라고 불러도 좋을 것 같다.

페르소나보다는
플랫폼 분석

즉, 스마트폰을 조작하는 데 어려움이 없다면 이렇게 캐릭터로 만나는 사회 속에서 세대차는 거의 없을 수도 있다. 거리낌 없이 욕을 내뱉으며 롤 게임을 하는 사람과 '당근'의 매너 온도 83도의 상냥한 기혼 여성을 상상해 보자. 사실 우리는 이들이 채팅창에서 쓰는 대화만으로는 게임을 하는 사람이 10대인지, 당근에서 만난 사람이 아이를 키우는 중년 여성인지 알 수 없다. 어쩌면 이 아이와 중년 여성은 동일 인물일지도 모른다.

그러므로 기존의 방식으로 나이, 성별, 소득 수준, 선호하는 SNS 등으로 페르소나를 설정해 마케팅 및 판매 전략을 만

* 1950년대, 1960년대에 태어나 역사상 가장 부유하고 활동적이며 장수하는 세대로 스마트폰과 인터넷 사용이 자유로운 집단이다.

소셜 비헤이비어

들기보다는 온라인 플랫폼에 따라 나타나는 소비자의 모습이 어떻게 다르게 나타나는지, 이 데이터에 대한 연구가 뒷받침 되어야 할 것이다.

Insight

캐릭터는 개인이 사용하는 온라인 플랫폼이 다양해지면서 온라 인에서 자신의 아이디를 여러 개로 만들어 사용하는 것이 익숙 해진 것과 관련이 깊다. 마케팅할 때는 브랜드나 제품을 해당 플 랫폼의 유저들과 어울릴 수 있도록 톤 앤 매너에 맞게 캐릭터화 시켜서 유대감을 쌓아야 한다. 기업의 대외적 이미지를 대표하는 단일 캐릭터는 계란을 한 바구니에 모두 담는 것처럼 위험하다. 작은 실수 하나가 브랜드 이미지 전체를 망칠 수 있다.

Code

5

마케팅은 세대를
초월해야 한다
| 유스 컬처 |

유스 컬처는
세대를 통합한다

마케터 입장에서 '유스 컬처youth culture'는 절대 마르지 않는 샘 같은 존재다. '유스 컬처'는 말 그대로 청년들이 즐기는 문화로, 주류 문화와 달리 반항적이거나 독특한 청년들의 독자적인 문화를 말한다. 히피, 펑크, 힙합 등이 여기에 속하는데, 하위문화였던 이 유스 컬처가 이제는 주류 문화의 자리까지 올라와 기업의 마케팅 테마로 자리 잡은 지 오래다.

유스 컬처는 누군가에겐 현재이며 누군가에겐 추억으로 즐거운 시간을 환기하는 그야말로 '마르지 않는 이야기 샘'이다.

카르페 디엠carpe diem(이 순간에 충실하라), 메멘토 모리memento mori (죽음을 기억하라), 아모르 파티amore fati(운명을 사랑하라). 인생을 충만하게 살려면 이 세 가지 말을 기억하라고 SNS에서 본 적이 있는데, 개인적으로 유스 컬처를 들으면 이 말들을 떠올리게 된다. 세대를 초월해 다양한 마케팅 기법으로 변주하기 좋은 것도 이 이유가 아닐까 한다.

유스 컬처와
콜라보레이션하다

2020년 봄, 팬데믹으로 많은 기업에서 오프라인 활동을 줄이고 있던 시기에도, 성수동 시몬스 하드웨어 스토어를 오픈하고 성공시켰다. 하지만 코로나19가 끝나지 않으며 생각지도 못한 여러 제약이 생겨서 팝업 스토어를 릴레이 오픈하는 건 회의적이었다. 그런데 한 팀원이 부산 전포동이 요즘 젊은이들에게 유명하다고 말했던 것이 생각났다. 부산 전포동은 전자, 공구상이 들어선 오래된 동네였는데, 젊은이들이 들어와 카페와 식당 등을 열면서 거칠고 날것의 느낌이 강한 힙하고 트렌디한 관광지로 거듭난 곳이었다.

밑져야 본전이라는 심정으로 가볍게 방문했던 부산, 그러다가 우연히 발란사BALANSA라는 의류 브랜드가 운영하는 멀티숍에 들어갔다. 빈티지 의류는 물론 LP판, 인테리어 소품 등 다양한 브랜드와 콜라보레이션한 아이템들에, 부산의 패션과 일본 길거리 문화에서 유래한 음악, 음식 등의 서브 컬처가 결집한 신선하고 힙한 에너지가 인상적이었다.

나는 서울 토박이지만 부산에 갈 때마다 트렌디하달까, 힙하다고 느낀다. 1970년대, 1980년대 부산 경제를 떠받치던 회사와 공장들이 해외로 빠져나가면서 일자리가 감소하고 부산 인구도 덩달아 줄기 시작했다. 그 자리는 부산의 젊은 층이 자영업자로 데뷔하는 무대가 되었다. 그들은 레스토랑, 카페, 바, 빈티지 가게는 물론 하나의 가게에 콘셉트를 달리한 다양한 멀티숍을 운영하며 각자의 개성을 선보이고 있다.

또한 항구 도시가 가지는 이국적인 정서와, 개발과 난개발이 만들어 내는 '올드 앤 뉴old and new'의 이미지가 어우러져 독특한 분위기를 연출한다. 특급 호텔이 많고 리조트 단지로 개발된 동부산과, 영도와 국제 시장들로 대변되는 서부산이 관광지로 그 명성을 유지하면서 부산 국제 영화제나 아트 페어 등 굵직한 행사들이 자주 열리다 보니 최근 부산은 많은 관광객을 끌어들이는 아주 매력적인 도시로 발전한 것이다.

결국 2020년 10월 부산 전포동에 새로운 팝업 스토어로 시몬스 하드웨어 스토어를 열기로 결정했다. 코로나19라는 어려움 속에서도 MZ세대에게 어필할 수 있는 가능성이 충분하다고 생각했다. 지난 2020년 4월 서울 성수동에 철물점 콘셉트의 시몬스 하드웨어 스토어를 연 것을 시작으로 같은 해 7월 경기도 이천의 복합문화공간인 시몬스 테라스, 그리고 부산의 전포동까지 지역과 지역을 잇고 사람과 사람을 잇는다는 소셜라이징 프로젝트의 연장선이기도 했다.

우리는 서울 성수동 시몬스 하드웨어 스토어와의 차이점으로 부산이라는 로컬의 색깔에 중점을 두었다. 그래서 부산에서 시작되어 전국으로 유행한 브랜드, 발란사와 콜라보레이션을 시도했다. 발란사는 '메이드 인 부산(made in 부산)'을 잘 보여 주는 부산 특유의 스트리트 컬처와 유스 컬처를 대표하기 때문이다.

게다가 성수동에 시몬스 하드웨어 스토어 굿즈 중 일부가 이미 발란사에서 만들어진 것을 알게 되기도 했다. 발란사에서도 시몬스와 콜라보레이션 형태로 팝업 스토어를 약속했고, 이후 일사천리로 굿즈와 제품을 만들기 시작했다. 가장 고민이었던 매장 인테리어는 당시 유행하던 레트로 콘셉트 중에서 지금은 보기 힘든 비디오 대여점 콘셉트로 단장했다. 그렇게 2020년 10월, 부산 전포동 시몬스 하드웨어 스토어를 열게 되었다. 우리는 그곳에서 부산 출신 청년들이 운영하는 유명 햄버거 식당 '버거샵'과 F&B 분야에서 협업하며 그야말로 '한바탕 신나게 놀았다.'

•• 2020년 부산 전포동에 오픈한 시몬스 하드웨어 스토어

시몬스,
힙하게 거듭나다

전포동 시몬스 하드웨어 스토어와 성수동 시몬스 하드웨어 스토어는 침대를 빼고 그 지역의 트렌드와 분위기를 살려 꾸민 것이 호감을 얻어 SNS에서 폭발적인 바이럴이 일어났다. '시몬스 하드웨어 스토어' 해시태그를 단 인스타그램 게시물이 1만 3,000여 건 이상으로 MZ세대에게 인스타그래머블한 공간으로 인식되고, 줄을 서서 기다려야 할 정도로 많은 인원이 찾아와 2020년에만 누적 방문객이 6만 명 이상이었다.

●● 발란사와 콜라보레이션했던 전포동 시몬스 하드웨어 스토어 굿즈,
활동적이고 개성 있는 유스 컬처가 돋보인다

그러자 회사에서 속편에 대한 기대가 생겼다. 우리는 하드
웨어 스토어가 SNS를 통해 MZ세대에게 크게 바이럴되는 걸
보며 자연스레 이번에는 식료품점 콘셉트의 그로서리 스토어
를 기획하자고 뜻을 모았다. 다만 발란사와의 하드웨어 스토
어가 '사고'처럼 갑작스러웠다면 그로서리 스토어는 본편보
다 나은 속편을 만들기 위한 몇 가지 장치가 필요했다.

첫째는 장소. 여름에 부산 바다에 놀러 온 사람들은 기분이
좋기 마련이니 피서 온 젊은 층이 많이 찾는 해운대 '해리단
길'로 장소를 정했다. 둘째는 컬러. 여름이니 뜨거운 해변과
휴양지의 색깔을 녹일 수 있는 컬러 팔레트*를 콘셉트로 했
다. 셋째는 철저히 로컬. 팬데믹이 한창이니 로컬에 사람들의
일상이 묶여 있는 상황을 고려해 시몬스를 직접적으로 내세
우기보다 젊고 힙한 부산의 지역들을 발굴해 콜라보레이션하
기로 했다.

그래서 해운대역 뒤에 있는 철길과 상권을 아우르는 일명
해리단길을 시몬스 그로서리 스토어 장소로 선택했다. 해리

---

* 어울리는 색깔들의 조합을 말한다.

소셜 비헤이비어

단길은 당시 젊고 개성 있는 청년들이 가게를 내면서 새로운 관광지로 주목받고 있는 곳이었다. 시몬스는 1978년 건축된 우일맨션이라는 낡은 공간 한편에 식료품 스토어를 콘셉트로 한 해운대 시몬스 그로서리 스토어를 냈다.

●● 2021년 부산 해리단길에 오픈한 해운대 시몬스 그로서리 스토어

마케팅에서 로컬은
유스 컬처의 테마 중 하나로
인기를 모으고 있다

그리고 인근 카센터, 세탁소는 물론 유명 국밥집, 떡볶이 가게 등 힙한 F&B 공간 등을 '앨리 맵alley map'이라는 지도로 만들어 소개하고 인쇄, 배포하였다. 또 이 앨리 맵을 온라인 버전으로도 제작해 해운대 시몬스 그로서리 스토어가 마치 해리단길의 일부인 것처럼 자연스럽게 연출했다.

이때 우리는 F&B 파트너로 버거샵과 손을 잡았다. 버거샵은 부산을 대표하는 뉴욕 스타일 햄버거집인데, 해리단길을 찾는 젊은이들이라면 꼭 한 번 먹어 본다는 유명 식당이었다. 이 식당을 제안한 것도 역시 1990년생 팀원이었다. 해운대 시몬스 그로서리 스토어 프로젝트의 대부분은 MZ세대 팀원이 주축이 되어 동세대가 가장 즐겨 찾는 곳, 맛집, 트렌드 등을 발굴한 결과다. 해운대 시몬스 그로서리 스토어가 문을 연 우일맨션을 찾을 수 있었던 것도 버거샵 덕분이었다. 후일담이지만 버거샵은 우리가 시몬스 그로서리 스토어 청담을 열 때 F&B 파트너로 협업해 오픈 런을 일으키기도 했다.

이렇게 마케팅에 지역만의 특색을 드러내는 로컬라이징 localizing 콘셉트를 서울까지 확장하다 보니 이는 지역과 지역을

 burger shop / 수제버거

해리단길을 대표하는 터줏대감 이자
대표적인 로컬 플레이어 '버거샵' 🍔!

공간도, 맛도 '미국스러운' 곳이에요!
이국적이고 빈티지한 인테리어와
뉴욕 스타일 수제 버거🍔의 만남으로 오랜 시간 꾸준히
사랑받고 있는 해리단길의 로컬 맛집입니다😎

시그니처 버거는 클래식 버거와 베이컨 치즈 버거!
100% 한우🐮 패티를 사용해 촉촉한 육즙이
가득 느껴지는 수제 버거를 맛볼 수 있어요😋

🏠 **주소** : 부산 해운대구 우동1로20번길 19
🕐 **영업시간** : 매일 11:00-20:30(Last order 20:00)
📷 **인스타그램** : @burgershopbusan

•• **부산 해리단길 근처의 F&B를 소개하는 앨리 맵(위)과 인쇄물(아래)**

●● 해운대 시몬스 그로서리 스토어의 버거샵,
지역만의 특색을 드러낼 때 로컬라이징과 팝업 스토어는 시너지를 낼 수 있다.

잇는 소셜라이징 프로젝트로 이어졌다. 시몬스 팝업 스토어의 이런 다양한 변주가 MZ세대에게 큰 호응을 얻으며 온, 오프라인에서 자연스럽게 바이럴되는 성과를 얻었다. 만일 이 모든 것이 애초에 회사 차원에서 창대한 계획하에 이루어졌다면 지금과 같은 값진 이야기를 할 수 없었을 것이라고 확신한다. 더불어 기업이라는 힘을 빼고 우리가 타깃하려는 MZ세대를 가장 잘 알고 있는 동세대의 실무진끼리 위계 없이 크루crew가 되어 자연스럽게 어울리며 일했기 때문에 시몬스가 침대를 넘어 트렌디한 브랜드 네임으로 재정립될 수 있었다. 유스 컬처를 서울과 부산의 팝업 스토어로 적절하게 녹여 내고, MZ세대의 큰 호응을 이끌어 낼 수 있었던 것을 돌아보면, 유스 컬처는 마케팅에서 지금 가장 재밌고 유의미한 트렌드임이 틀림없어 보인다.

Insight

유스 컬처는 청년들에게는 현재 진행형이자 동시에 중장년층과 노년층에게는 과거를 환기하는 추억을 건드리므로 모두의 호감을 살 수 있는 중요한 마케팅 코드다.

샤넬은 늙지 않는다

1990년대 청담동 며느리 룩으로 유명했던 한 여성복 브랜드는 당시 여대생과 미시족을 사로잡으며 승승장구했지만 어느 날 소리 소문 없이 사라졌다. 엄밀히 말해 사라진 건 아니고 백화점 3층 정도에 '보기에 좋고 입기에 편한 브랜드'들이 모인 존zone에서 이름만 다르고 비슷비슷한 브랜드 사이로 밀려난 지 오래였다. 그 브랜드의 디자이너에게 그들의 고민을 들은 적이 있다. 그 브랜드는 과거의 '청담동 며느리' 이미지가 너무 강해서 젊은 사람은 찾질 않고 '옛 생각에' 찾은 고객들로 꾸려 가다 보니 브랜드도 나이를 먹으면서 생기를 잃더라는 것이다. 제품을 만드는 것도 파는 것도 사는 것도 사람이하는 일이라 기본적으로 브랜드에 대한 호감은 중요한 구매요인 중 하나인데, 호감이 증폭되면 브랜드 네임은 유행이 되고 이때 브랜드의 미래가 결정된다. 이 브랜드의 사례처럼 한때 반짝하고 쇠퇴하거나 반대로 이름 그 자체로 아이콘이 되어 클래식이 되거나.

지난 팬데믹 동안 벌어진 마케팅 사건 중 하나로 명품 브랜드 오픈 런을 빼놓을 수 없다. 한 백화점을 지나던 출근길, 폭우가 쏟아지던 장마철에도, 엄동설한 한파에도 아랑곳없이 모여든 사람들이 매장 문을 열기도 전에 길고 긴 장사진을 치고 있던 낯선 풍경이 생생하다.

샤넬이 특히 오픈 런이 요란하다고 들어서 하루는 한 샤넬 브랜드 매니저에게 소비자들이 저렇게 힘들여 사려고 하는 게 대체 무언지 물어본 적이 있다. 의외로 스몰 레더 굿즈를 사려는 젊은 층이 많다는 대답에 놀랐던 기억이 있다. 지갑을 사려고 저렇게 줄을 선다고? 요컨대 샤넬이라는 브랜드가 가리키는 '현대 귀족'의 세계에 입문하기 위해 지갑이나 액세서리처럼 아주 작은 물건이라도 소비자에게는 줄을 서서 살만큼 가치 있는 소셜 아이템*인 것이다.

2019년 사망한 샤넬의 수장, 칼 라거펠트^{Karl Lagerfeld}는 40여

---

* 사회적 관계를 맺게 하거나 그 자체로 사회적 의미를 갖는 특정한 물건, 즉 소셜 오브젝트^{social} ^{object}를 가리킨다.

년간 크리에이티브 디렉터로 일하면서 지금의 샤넬이 가진 젊고, 현대적이며, 귀족적이고 스타성까지 있는 브랜드 이미지를 완성했다. 샤넬은 마치 세계 각지에서 열리는 화려한 파티에 초대받아 전용기를 타고 참석해 스포트라이트를 독차지하며 자신의 사진으로 수많은 팬들의 SNS를 도배하는 걸그룹 블랙핑크의 제니 이미지다.

칼 라거펠트는 "내 소명은 샤넬 재킷의 명성을 유지하는 것이 아니라 살아 있게 만드는 것이다"라고 했다. 그 비밀은 빠르게 변하는 트렌드를 가장 먼저 과감하게 패션으로 가져와 당대를 대변하는 젊은 아이콘에게 입혀서 샤넬에 지속적으로 젊은 문화를 수혈하는 데 있었다.

지금은 익숙한 패션 용어인 '록 시크'는 1980년대와 1990년대의 펑크, 그런지 등 로큰롤rock 'n' roll에서 모티프를 딴 디자인을 뜻한다. 록 시크는 단아한 클래식 재킷에 메탈 체인을 장식하거나, 청바지와 록커와 바이커들이 애용하는 메탈 벨트나 벨트 장식을 한 부츠 등을 트위드 재킷에 매치한 칼 라거펠트의 파격적인 스타일에서 시작되었으며, 실제로도 그는 평상

•• 샤넬 재킷을 입고 블랙 핑거리스 글러브를 낀 칼 라거펠트

시에 클래식한 샤넬 재킷을 입고 바이커가 끼는 블랙 핑거리스 글러브를 끼고 다니길 즐겼다.

정확한 출처는 알 수 없지만 패션계에서 전설처럼 회자되는 칼 라거펠트의 말이 하나 있다. "20대 젊은 모델에게 옷을 입혀야 40대가 산다"라는 말이다. 그는 새로운 콘셉트의 컬렉션을 선보이는 것만큼이나 샤넬을 장식할 아이콘을 섭외하는 데도 그 어떤 캐스팅 매니저보다 기민하게 움직였다.

특히 유명 인사들의 2세들을 샤넬의 뮤즈로 데뷔시키며 그들의 출신이 풍기는 이미지를 통해 샤넬에 귀족적인 이미지를 더해서 다른 럭셔리 패션과 차별화했다. 영국 귀족 출신으로, 런던 셀프리지 백화점과 영국 왕실의 퍼스널 쇼퍼 대표의 딸인 카라 델레바인Cara Delevingne, 미국 카다시안 패밀리의 켄달 제너Kendall Jenner, 영화배우 조니 뎁Johnny Depp과 바네사 파라디Vanessa Paradis의 딸 릴리 로즈 뎁Lily-Rose Depp, 슈퍼 모델 신디 크로포드Cindy Crawford의 딸 카이아 조던 거버Kaia Jordan Gerber 등이 대표적인 예다. 이들은 샤넬의 런웨이에 서고 뮤즈가 되어 광고를 촬영하며 마치 사교계에 처음 데뷔하는 귀족 자제들처럼 엄

청난 인지도를 손에 쥔 채 패션계와 엔터테인먼트계에 동시 입장했다.

칼 라거펠트의 바통을 이어받은 현재 샤넬 크리에이티브 디렉터 버지니 비아르Virginie Viard의 전략은 여기서 한발 더 나아가 유튜브와 SNS에서 가장 '핫'한 스타에 집중한 것 같다. 블랙핑크의 제니와 뉴진스 민지가 나란히 샤넬의 글로벌 아이콘으로 활동하는 걸 보면 말이다.

한편 샤넬이 이렇게 청년들에게 인기인 신진 아이콘을 기용하자 숫자상의 나이를 거부하는 노년층, 일명 그랜드 제너레이션에도 어필하는 기현상도 흥미롭다. 원래 노인이라고 하면 65세 이상을 말하지만, 요즘엔 65세라 해도 다방면에서 혈기 왕성하고, 경제력까지 있는 이들은 제니가 입는 청바지를 입고 제니처럼 주얼리를 하고 가방을 드는 데 주저하지 않는다.

매년 국내를 강타하는 트렌드를 소개하는 《트렌드 코리아 2023》에 '네버랜드 신드롬'이 소개되었다. 이는 의학이나 환경의 발전으로 한 인간의 생애 주기가 길어지게 되면서 신체적으로나 정신적으로 장년기가 연장되는 사회적 현상을 말한다. 영원히 어른이 되기를 거부하는 《피터팬》의 '네버랜드'에서 이름을 따왔다. 한국도 이제 노인 인구 1,000만 시대를 앞두고 이러한 현상은 경제적으로나 사회적으로 큰 모멘텀 momentum*을 만들어 낼 것으로 보인다. 유스 컬처는 청년층에만 어필하는 것이 아니라 한때 '유스'를 거쳤으며 여전히 늙기엔 너무 젊다고 여기는 중장년층에게도 추억과 재미를 환기하는 마케팅적으로 중요한 어법이 되었다.

---

* 주식 시장에서 주가 상승에 탄력을 가하는 요소를 가리킬 때 사용하는 말로, 변화나 반전의 계기를 가리킨다.

Code

6

브랜드를 잘 경험하면
사랑하게 된다
| 스페이스 |

노골적이기보다
세련되게 어필하라

MZ세대는 브랜드를 물리적으로 체험하기 전에 인스타그램, 유튜브 등에 브랜드를 검색하고, 사람들이 SNS에 올려놓은 수많은 인증샷과 후기 등에서 신뢰를 얻는다. 그리고 자신역시 그 브랜드를 방문해서 사진을 찍고 SNS에 아카이빙한다. 이들은 브랜드에 대한 이런 체험과 호감이 있어야만 그 브랜드를 자신의 취향으로 인정한다.

만일 이들이 자발적으로 그 브랜드를 조사하고, 경험하고, 인증하기도 전에 기업이 먼저 브랜드의 콘텐츠를 SNS에 주입하면 MZ세대는 거부감을 느끼고 차단도 서슴지 않는다. 그 차단은 그 브랜드에 대한 비호감이 되어 영원히 풀리지 않을 수도 있다.

마케팅 전략의 기본은 브랜드가 절대로 메시지를 먼저 주입하지 않으면서 자연스럽게 팬덤을 만드는 것이다. 그러므로 기업은 MZ세대가 브랜드에 대한 정보를 어떤 플랫폼에서 얻는지, 트렌드를 어떻게 소비하는지 파악해 그들이 주로 사용하는 온라인 플랫폼에 콘텐츠를 살짝 '얹는' 것이 관건이다.

보통 기업의 SNS에서는 제품이나 서비스를 홍보한다. 그러나 오히려 주력 제품이나 서비스를 콘텐츠에서 빼 버리면 대중에게 확산될 수 있는 힘이 커진다. 시몬스는 제품을 먼저 팔고 브랜드를 파는 것이 아니라 역순으로 시몬스가 밀고 있는 문화를 소비하도록 유도한 뒤 브랜드를 말한다. 그럼 제품은 언젠가 반드시 팔릴 것이다. 예를 들어 인스타그램에서 2024년 5월 기준 '시몬스 침대'를 검색하면 5만 8,000개 이상의 이미지가 나오고 침대 사진들이 보인다.

●● 인스타그램에 '시몬스 침대'를 검색했을 때 나오는 게시물들

●● 인스타그램에 '시몬스'를 검색했을 때 나오는 게시물들

그런데 여기서 '침대'를 떼고 검색하면 게시물은 7만 7,000개 이상으로 증가하고 시몬스 팝업 스토어와 복합문화공간인 시몬스 테라스를 검색하면 게시물은 11만 개 이상으로 올라가며 그곳에서 진행한 전시를 비롯한 이벤트들, 공간 등 좀 더 패셔너블한 이미지들이 도출된다. 침대 회사이지만 마케팅에서 '침대'를 뺄수록 더 호감도가 높아지고 바이럴이 잘되는 것이다. 브랜드의 이름으로 더 많은 소비자에게 접근할 수 있는 폭이 넓어진다고도 말할 수 있겠다.

**No Push
But Search**
브랜드가 소비자에게
메시지를 주입하지 말고
소비자가 브랜드를
자발적으로 찾게 하라

애착 관계를 만드는
핵심, 공간

제품과 콘텐츠만으로 소비자를 오래 브랜드에 머물게 하기 어렵지만, 브랜드에 대한 짧은 환기만으로 소비자에게 깊은 인상을 남기기도 어렵다. 더군다나 요즘처럼 팝업 스토어가 흔해지면 더 그렇다. 그래서 제품과 콘텐츠를 받쳐 줄 공간에 대한 세밀한 이미지 작업이 필요하다. 좋은 느낌은 브랜딩과 직결되기 때문이다. 요컨대 시몬스의 특정 공간에서 기쁨을 느꼈다면 결국 시몬스 브랜드에 호감을 느끼게 될 것이다.

시몬스는 지난 팬데믹 이후 침대보다 시몬스의 이름을 붙인 공간들로 많은 관심을 받았다. 2018년 경기도 이천의 팩토리움 옆에 오픈한 복합문화공간 시몬스 테라스, 2020년 서울 성수동 시몬스 하드웨어 스토어와 부산 전포동 시몬스 하드웨어 스토어, 2021년 해운대 시몬스 그로서리 스토어, 2022년 열었던 시몬스 그로서리 스토어 청담 등 팝업 스토어들이다.

이 공간들은 MZ세대의 취향을 저격한 인더스트리얼industrial

한 인테리어, 레트로풍의 아기자기한 소품 등으로 동시대적인 이미지를 주입하는 데 성공했다는 업계 평가를 받았고, 우리가 타깃하려던 MZ세대에게 시몬스의 매력적인 이미지를 어필하는 데도 큰 효과를 얻었다. 특히 하드웨어 스토어와 그로서리 스토어는 마케터들 사이에서 팝업 스토어의 성공적인 케이스 스터디 주제로 연구되기도 했다. 이 공간들은 시몬스가 동시대와 긴밀하게 호흡하는 젊고 매력적인 브랜드라는 점을 구축하는 데 결정적인 모멘텀이 되었다.

소셜 비헤이비어

공간은 소비자가
브랜드와 애착을 형성할 수 있는
중요한 요소다

팝업 스토어에
'지역성'을 더한 이유

2018년 9월 시몬스는 본사가 위치한 경기도 이천시 모가면 일대에 시몬스 테라스라는 복합문화공간을 오픈했다. 팝업 스토어가 일시적인 이벤트 공간이라면 복합문화공간은 시몬스라는 브랜드를 경험할 수 있도록 설계된 상설 전시관이다. 시몬스 테라스는 주요 침대 제품을 생활 가구와 접목해 배치하였다. 시몬스의 기술을 체험할 수 있는 '매트리스 랩', 침대 박물관이라 할 수 있는 '헤리티지 앨리heritage alley', 아메리칸 컬리지 감성을 담은 카페 '시몬스 그로서리 스토어', 최대 규모 쇼룸인 '테라스 스토어' 등으로 구성되어 있다.

왜 서울이 아닌 이천에서, 팝업 스토어가 아니라 상설 전시관이었을까. 이미 서울에는 수많은 브랜드가 복합문화공간을 내놓았고, 한국 시몬스의 본사가 있는 이천이라는 특별한 지역에 외지 관광객을 일회성으로 유치하기보다는 지역 주민을 위해 시몬스가 무언가 할 수 있다면 더욱 의미가 깊을 것이라고 생각했기 때문이었다. 결론적으로는 입소문이 나 이천시

●● 경기도 이천에 오픈한 시몬스 테라스의 잔디 정원

민들뿐 아니라 서울을 비롯한 전국에서 인파가 몰려들어 뜻밖의 수확을 맛보기도 했지만 말이다. 크리스마스 일루미네이션, 파머스 마켓과 같은 각종 이벤트가 열리던 때는 몰려드는 인파를 안전하게 관리하느라 행복한 비명을 지르기도 했다.

입소문을 타게 된 건 트렌디한 아트 신scean을 대중적으로 소개한 여러 가지 이벤트 덕분이었다. 세계적인 비주얼 아티스트 장 줄리앙Jean Jullien을 초청해 드로잉 퍼포먼스를 선보이고, 그의 작품을 건물 곳곳에 장식했다. 또 오락실 게임기를 구비해 1990년대를 오마주한 설치 미술전 '레트로 스테이션', 서핑 관련 제품과 서핑 문화를 큐레이션한 '리얼리티 바이츠reality bites', 대중음악 전시장 '힙-팝', 팬데믹으로 하늘길이 막힌 상황을 위트 있게 풀어낸 공항 인테리어 콘셉트의 '버추얼 제티vitual jetty' 전시 등도 열었다.

경기도 이천이라고 하면 논과 밭이 펼쳐진 농가를 떠올리기 쉬운데, 실제로는 SK하이닉스를 비롯한 많은 생산 공장이 있어 젊은 층의 유입이 많은 생동감 넘치는 도시다. 그래서 우리는 이천에서도 서울의 트렌디한 장소와 같은 인테리어와 이

●● 장 줄리앙의 드로잉 퍼포먼스

●● 레트로 스테이션(왼쪽)과 버추얼 제티(오른쪽)

벤트가 충분히 유효할 것이라 믿었다. 실제로 이 복합문화공간에서 침대를 소개하면서 F&B와 전시, 이벤트로 즐길 거리를 더하자 시몬스라는 브랜드는 SNS에서 생명력을 얻기 시작했으며 시몬스 테라스는 오픈 5년 만에 누적 방문객 100만 명이 찾는 이천의 랜드마크로 떠올랐다.

이 공간을 떠올리면
어떤 느낌이 들까?

시몬스 테라스를 인스타그램에 검색하면 게시물이 11만 개가 훌쩍 넘게 나온다. 그리고 시몬스 테라스에서 즐긴 여러 액티비티activity가 노출되면서 브랜드가 대중에게 바이럴되는 모습을 볼 수 있다. 시몬스 테라스 앞에서 인증샷을 찍고, '날씨 좋은 날'이라고 쓴 젊은 여성의 SNS 게시물이 있다. 일루미네이션 행사 때문에 세운 크리스마스트리 앞에서 아들과 사진을 찍고 스마일 이모티콘을 붙인 30대 중반으로 보이는 아버지의 게시물도 있다. 그 외에도 비슷한 게시물들이 나온다. 이 게시물들에는 공통점이 하나 있는데, 바로 시몬스의 공간에 방문했지만 침대와 전혀 관련 없는 긍정적인 감상을 이미지와 함께 올린다는 것이다. 브랜드가 억지로 호감을 느끼게 하려고 메시지를 주입하지 않아도, 이런 공간을 통해 소비자 스스로 시몬스라는 이름에 자연스럽게 호감을 느끼는 것이다.

팝업 스토어에서
F&B는 필수일까?

시몬스 테라스에서는 F&B 공간이 아주 중요한 역할을 한다. 공간이 브랜드 관련 제품이나 콘텐츠만으로 구성되면 소비자 입장에서는 브랜드 목소리가 너무 노골적으로 느껴질 테고, 무엇보다 금방 지겨워져서 소비자를 오랜 시간 공간에 잡아 두기 힘들기 때문이다. 특히 이천 같은 교외에서 하는 활동은 더 그렇다. 반대로 F&B가 있으면 소비자가 브랜드 공간 안에 머무르는 시간이 길어질 확률이 높고 먹을거리의 퀄리티가 괜찮다면, 그래서 소비자에게 브랜드가 좋은 이미지로 다가간다면 자연스럽게 F&B의 경험으로 브랜드에 대한 호감이 상승한다.

SPRING
NEW MENU

PUBLICMARKET

STRAWBERRY
JUICE

STRAWBERRY &
GREEK YOGURT

STRAWBERRY &
BRIE CHEESE SALAD

SUMMER
LOCAL MENU

PUBLICMARKET

PANNA COTTA
ICHEON
PASSION FRUIT,
PEACH

COLD PASTA
ICHEON TOMATO, CUCUMBER
YESAN GREENBEAN, ARUGULA
GOESAN CORN

PUBLIC MARKET SALAD
ICHEON HONEY, ONION, CUCUMBER
DAEJEON TOMATO
GONGJU EGG
YEOJU VEGETABLE

WATERMELON
JUICE
EUMSEONG WATERMELON

●● 시몬스 테라스에서 이천의 농산물을 활용해 만든 봄맞이, 여름맞이 신메뉴

공간의 진화,
카멜레존

《트렌드 코리아 2019》에서는 시몬스 테라스를 '공간의 재탄생, 카멜레존chamele zone'으로 소개하며 체험 공간이 한 단계 진화한 사례로 들고 있다. 카멜레온이 주변 상황에 따라 자유자재로 색깔을 바꾸며 변신한다는 점에서 '카멜레존'이란 특정 공간이 협업, 체험, 재생, 개방, 공유 등을 통해 본래 가지고 있던 고유 기능을 넘어서 새로운 정체성의 공간으로 변신하는 것을 뜻한다. 최근 들어 이러한 형태의 공간은 브랜딩의 핵심으로 일반화되고 있는 추세다. 저자인 서울대 소비자학과 김난도 교수는 시몬스 테라스가 복합문화공간으로써 매장은 물론 전시장, 브런치 카페로 자유자재로 변신하며 다양한 공연과 마켓이 열리는 모습들을 설명하였다.

한편 이런 공간들은 모두 로컬라이징 콘셉트라는 틀 안에서 진행되었다. 시몬스 테라스가 이천을 테마로 한 만큼 지역 상권에 활력을 더해 보자는 것이었다. 성수동 시몬스 하드웨어 스토어와 시몬스 그로서리 스토어 청담은 사실 처음부터 핫

소셜 비헤이비어

한 곳이 아니라 침체되고 죽은 상권이나 건물에서 시작했다. 해운대 시몬스 그로서리 스토어 역시 해리단길로 이제 막 주목받고 있는 신생 관광지에서 시작했다. 하지만 그 지역의 특성에 맞게 공간을 로컬라이징하는 전략을 팝업 스토어에 적용해 세 곳 모두 MZ세대가 오픈 런하게 만들 정도로 큰 인기를 모았다.

한편 시몬스는 이 공간들을 코로나19 때문에 어려움을 겪은 F&B 가게들을 대신 소개해 주는 기회로 삼기도 했다. 부산 해운대 해리단길에서 버거샵과 콜라보레이션해서 해운대 시몬스 그로서리 스토어를 오픈해 상권을 알렸고 이후 시몬스 그로서리 스토어 청담에서 버거샵을 여는 계기가 되었다. 재미있게도 버거샵을 인스타그램에 검색해 보면 시몬스 로고가 게시물에 올라오고 그 게시물들 밑에는 #청담핫플 #침대바꾸고싶다 등 시몬스가 원하는 말이 나오기 시작한다! 이런 인스타그램 게시물의 흐름만 봐도 시몬스에 점점 더 패셔너블한 코드가 생기고 MZ세대에게 시몬스가 인스타그래머블한 공간으로 입소문이 나면서 새롭게 바이럴되었음을 알 수 있다.

인스타그램을 보면
아이덴티티가 보인다

SNS는 한 사람의 스토리인데 그 스토리가 모여 히스토리가 되고 결국은 그 사람의 아이덴티티가 드러나는 과정으로 이어지는 것이다. 인스타그램 같은 SNS의 발전 덕분에 단순한 인증샷들을 관찰하는 것만으로도 대중이 브랜드를 어떻게 소비하는지 확인할 수 있다.

브랜드가 컬처를 팔면 이는 언젠가 브랜드의 제품 구매로 이어질 가능성이 크다. 브랜드를 경험시키기 위해 소소한 이벤트로 시작한 시몬스의 팝업 스토어들은 2022년까지 3년간 누적 방문객 20만 명이 넘었고 굿즈는 약 11억 원어치가 팔렸다.

브랜드 스토리는 팝업 스토어 같은 특별한 공간을 통해 소비자의 참여를 이끌어 내고 팬덤을 형성할 수도 있다. 이런 공간의 변신을 통해 마침내 MZ세대가 주축인 혼수 시장에서 시몬스는 카테고리 킬러 브랜드로 확실히 자리매김할 수 있었다.

공간은 브랜드와 소비자의 애착 관계를 형성하는 중요한 매개다. 소비자가 브랜드의 특정 공간에서 호감을 느낀다면 자연스럽게 브랜드의 팬이 되기 쉽기 때문이다. 이를 위해 브랜드는 공간에서 제품을 팔기 위해 노력하는 것에 더해 브랜드만의 특별한 문화를 공간에 녹여 내고, 소비자가 그 경험을 즐길 수 있게 해야 한다.

Step

3

모으지 말고
모이게 하라

Code

7

모두가 좋아하는
브랜드는 없다
| 팬덤 |

'to do'보다는
'not to do'로 창의적으로

2020년 시몬스 창립 150주년이라는 기념비적인 이벤트가 있었음에도 불구하고 한국과 달리 본사 및 다른 나라의 지점들에서는 홀세일wholesale 위주로 영업을 하고 있어 별다른 이슈 없이 지나가는 듯했다. 하지만 리테일retail에 의존하는 한국 시몬스는 소비자와의 커뮤니케이션이 중요했기 때문에 독자적으로 행사를 기획하게 되었다.

한국 시몬스가 본격적으로 소비자와의 커뮤니케이션을 위해 이벤트를 기획하기 전에, 우리는 '절대 하지 말아야 할 것

not to do list' 세 가지를 정했다. 많은 브랜드들이 자신들이 해야만 하는 '투 두 리스트to do list'를 써 내려갈 때 우리는 반대로 '이 것 외에는 모두 가능하다!'라고 생각을 전환한 것이 기획이라면 기획이었다. No 샴페인, No 갈라 디너gala dinner(만찬), No 브랜드 북brand book. 시몬스가 150주년을 맞았다고 우리끼리 자축하는 것보다 우리가 타깃으로 하는 소비자층, 즉 MZ세대의 톤앤 매너에 맞추는 것이 더 중요하다고 생각했기 때문이다. 또한 '낫 투 두 리스트'는 그것 빼고는 모두 다 해 봐도 좋다는 의미로 자유를 극대화했기 때문에 팀원들의 동기 부여에 도움이 되고, 그들의 창의력도 맘껏 발휘할 수 있는 수단이 되었다.

이색적인 경험,
즐거운 기억을 팔다

150주년 기념의 첫 번째 이벤트로 2020년 4월 성수동에 시몬스 하드웨어 스토어를 열었다. 시몬스가 침대 브랜드이기 때문에 스프링, 스패너, 망치 같은 하드웨어가 연상된다는 심플한 아이디어에서 출발했다. 성수동 시몬스 하드웨어 스토어에서는 수세미부터 안전모까지 철물점에서 팔 법한 굿즈를 만들었다. 성수동이 과거에 철물점이 모여 있었고, 공장지대였다는 것도 이 콘셉트에 영향을 미쳤다.

단, 굿즈를 만들되 다른 팝업 스토어들이 기념품을 무료로 나눠 주는 것과 달리 우리는 반드시 돈을 받고 팔자고 정했다. 싸게는 1,000원부터 비싸도 몇만 원 안에서 해결되는 제품들이라도 무료로 나눠 주는 것은 받는 입장에서 별로 기억할 만한 것이 아니라 생각했기 때문이다. 1,000원이라도 돈을 내고 구매하게 되면 이 소비자에겐 시몬스를 소비하는 경험이 될 것이고, 시몬스와 인게이지먼트engagement*를 맺는 특별한 물건이 될 것이므로, 공짜보다는 의미를 가질 것이다. 또 자신이 산 굿즈를 인스타그램 등에 올리면서, 온라인에서 바이럴이 일어날 수 있다고 생각했다.

MZ세대는 자신이 브랜드에 참여하고 싶은 욕구가 들면 해당 브랜드를 알아서 SNS에 아카이빙하지만, 브랜드가 억지로 자신의 이미지나 콘텐츠를 쥐여 주면 말 그대로 셧다운

* 사용자들이 제품과 맺는 의미 있는 관계를 말한다.

shutdown하는 세대다. 예컨대 굿즈를 구매하는 건, 소비자 입장에서 자발적으로 경험하는 이색적인 재미가 될 수도 있을 것이다. 그들이 방문했기 때문에 볼펜을 나눠 주는 것이 아니라 그들이 욕구에 따라 단돈 1,000원을 내고 우리의 브랜드를 사는 것이다.

궁극적으로 온라인에서의 바이럴은 연쇄적으로 일어나기 마련이고 마침내 시몬스를 좋아하는 팬덤이 만들어질 수도 있겠다는 시나리오였다. 성수동 시몬스 하드웨어 스토어는 1980년대생과 1990년대생 마케팅 담당자들이 주축이 되었다. 그 플랫폼을 사용하는 사람에 대해 가장 잘 아는 것은 당연히 그와 같은 세대이기 때문이다. 이렇게 MZ세대의 반응을 유도하도록 기획하는 것으로 시작되었다.

소셜 비헤이비어

●● 2020년 성수동에 오픈한 시몬스 하드웨어 스토어

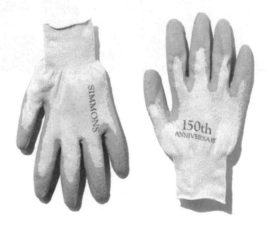

●● 성수동 시몬스 하드웨어 스토어 굿즈

자발적으로
모일 때 팬이 된다

2019년부터 MZ세대 사이에 그들이 겪어 보지 않은 과거를 신선하게 생각하는 레트로가 열풍이었다. 우리는 여기에 착안해 굿즈로 1970년대에 시몬스 침대를 배송하는 기사들이 실제로 사용하던 줄자를 똑같이 만들거나 때밀이 수건, 일회용 카메라 등 옛 추억이 연상되는 재미있고 감성적인 아이템을 만들었다. 그리고 그 위에 과거 시몬스의 로고나 '150'이라는 숫자만 올려서 디자인했다. 굿즈는 우리의 예상보다 판매율이 높았고 무엇보다 침대 기업인 시몬스가 팝업 스토어에서 침대와 다른 것으로 어필하기 시작하자 이때부터 본격적으로 '침대 없는 침대 팝업' '침대 없는 침대 광고'라고 알려지는 터닝 포인트turning point가 되었다. 게다가 팬데믹이 겹치며 다른 기업들이 오프라인 행사를 열지 않을 때였는데, 시몬스는 오히려 적극적으로 소비자를 만나자는 취지로 오프라인에서 움직였고, 이 팝업 스토어들이 결국 인스타그래머블한 핫플레이스로 떠오르면서 SNS에서 큰 호응을 받았다.

헤리티지 브랜드인 시몬스가 MZ세대에게 충분히 어필할 수 있음을 확인한 이후 우리는 커뮤니케이션 전략을 MZ세대라는 키워드에 포커싱해서 강화하기로 했다. 그들이 SNS에 게시할 만한 포토존과 아이템은 물론, 팝업 스토어에 흘러나오는 음악까지 요소 하나하나에 디테일하게 집중해 MZ세대와의 유대감을 강하게 만들고자 했다. 소위 '컬처'를 파는 브랜딩을 강화한 것이다. 컬처를 팔면 브랜드가 소비되고 브랜드가 소비되면 언젠가는 제품 소비로 이어진다는 것이 시몬스 브랜드 전략의 핵심이다.

브랜드가 컬처를 팔면
이는 언젠가 브랜드의 제품
구매로 이어질 가능성이 크다

브랜딩은
호감을 설계하는 것

왜냐하면 침대는 결혼할 때, 자녀가 입학할 때, 이사할 때 등 개인의 생애 주기에서 특별한 이벤트가 있을 때 구매하는 제품이라 재구매까지 교체 주기가 아주 긴 탓에 신규 고객 창출이 없다면, 기존의 고객과 함께 브랜드도 올드해지면서 수명이 다할 위험이 있기 때문이다. 게다가 시몬스는 침대만 제조하고 유통하는 원 아이템 회사이기 때문에 침대 업계의 카테고리 킬러로 확실히 자리매김하려면 인지도를 높이는 것은 물론 세대와 시대를 초월해 지속 가능하게 소비를 일으킬 수 있는 팬덤이 중요하다. (품질에 대한 신뢰는 당연한 것이라서 여기서는 덧붙이지 않겠다.)

마케팅이 소비자를 설득해야 한다면 브랜딩은 소비자에게 정의당해야 한다. 마케팅이란 기업이 스스로를 어떻다고 정의하고, 소비자를 설득하는 것이다. 시몬스가 '흔들리지 않는 편안함'이라는 슬로건으로 소비자에게 어필해 소비자가 품질 면에서 최고라고 믿게 만드는 것이 마케팅이라면, 브랜딩은 소비자가 주체가 되어 시몬스를 떠올리기만 해도 이미지가 연상되어야 한다. 시몬스는 먼저 '우리는 힙하고 영young하다'고 어필하지 않았다. 대신 MZ세대의 취향에 어울리는 팝업 스토어를 열었을 뿐이다. 그 결과 부모님 가구, 신혼, '평생 가구' 이미지였던 시몬스는 동시대적인 취향을 가진 브랜드로 인식되어 새로운 생명력을 얻게 되었다.

과거 마케팅이라고 하면 기업이 주체가 되어 제품이나 브랜드를 탐나게 포장해서 소비자를 설득해 왔지만, 지금은 소비자들이 '매력적이다' '쿨하다' '진부하다' '마음에 든다' 등 여러 수식어로 브랜드를 정의하는 시대다. 나아가 호감이 있는 이들의 취향을 저격해 열렬한 지지를 끌어내면 팬덤이 된다. 이 세상 모두가 날 좋아해 줄 수 없듯 회사나 브랜드도 마찬가지이고 일부가 팬이 되면 그들의 활동이 SNS상에서 바이럴을 일으키고 나비 효과처럼 작은 호감이 가공할 파급력을 갖게 될 수도 있다.

시몬스는 성수동에 연 첫 번째 팝업 스토어인 시몬스 하드웨어 스토어를 성황리에 마친 이후 소비자에게 '시몬스 침대'

보다 '시몬스'라는 이름으로 더 많이 인식되었다. 인스타그램만 봐도 '시몬스 침대'보다는 '시몬스'라는 해시태그가 더 많이 보이고 있다. 침대와는 전혀 상관없는 이미지와 이벤트들이 시몬스가 다시 정의되는 기회가 된 것이다.

Insight

팬덤은 모두를 내 편으로 설득하는 것이 아니다. 호감을 보이는 이들의 취향을 저격해 열렬한 지지를 끌어내는 방안을 설계해야 한다.

마케팅은 소비자를
설득하는 것,
브랜딩은 소비자에게
정의당하는 것

경제의 새로운 키워드: 취향과 팬덤

BTS는 중소 기획사 빅히트 엔터테인먼트(현재의 하이브) 출신이었다. 그래서 대형 기획사의 물량 공세 위주로 돌아가는 치열하고 텃세 센 방송계에서 얼굴을 비추고 노래를 띄우기가 쉽지 않았다. 무명의 시간을 보내던 그들은 자신들의 일상을 잔잔하게 SNS에 올리고 팬들의 댓글에 일일이 답을 달면서 팬들과 친해졌다. 이렇게 맺은 끈끈한 스타와 팬의 관계는 세계 곳곳에 '아미army'라는 이름의 거대한 팬덤이 성장하는 계기가 되었다.

아미는 BTS를 〈다이너마이트〉라는 노래 제목처럼 폭발적인 히트를 기록하게 하고 세계적인 팝 아이콘으로 우뚝 서게 했다. 《타임》《하버드 비즈니스 리뷰》 등 유력 매체들은 BTS의 성공 비결을 심층 취재해 보도했고, 국내에서는 몇 권의 책으로 분석되기도 했는데, 대부분이 BTS와 아미의 수평적인 연대 관계를 성공 비결의 첫 번째로 꼽는다.

트위터, 인스타그램, 유튜브 등에서 팬들과 직접적으로 긴밀하게 소통한 콘텐츠들은 저작권의 제약을 받지 않았기 때문에 자연스럽게 팬들에 의해 어마어마한 양의 콘텐츠들로 온라인에서 재생산되었다. 이 콘텐츠들은 세계적으로 확산되며 BTS를 알리는 씨앗이 되었고, 이것이 바로 그들의 인기를 세계적으로 폭발시킬 수 있게 견인한 요인이라는 것이다.

사전적 의미로 '권위權威'는 남을 지휘하거나 통솔하여 따르게 하는 힘을 말하는데, 요즘 세상에 '팬덤'이니 '연대'만큼 권위 있는 단어도 없는 것 같다. 팬덤과 연대는 '공감'이라는 감정적인 경험을 바탕으로 한다. 이 경험이 축적되며 다져진 취향은 개인에게는 자신을 표현하는 아이덴티티가 되고, 크게는 아미가 BTS를 세계적인 스타로 만든 것처럼 시장을 움직이는 강력한 동인動人이 된다.

취향과 팬덤이라는 호혜적 관계로 움직이는 문화 산업을 흥미롭게 표현한 《취향의 경제》라는 책이 있다. 책의 저자 유승호 교수의 설명이 인상적이다. 그는 흩어진 취향들이 하나로 모이면 가족, 정당, 교회 등 기존의 공동체가 해체되는 현대 사회에서 이를 대체해 공동체적인 연대감을 형성하기도 한다며 팬덤을 설명한다. 팬덤 소비자는 대기업이 생산한 상품의 기능에 집중하기보다 자신의 감정을 충실하게 대변하는 콘텐츠에 집중하는 것이 특징으로, 예를 들어 똑같은 뮤지컬을 몇 번씩 보는 충성 관객이야말로 오늘날 뮤지컬 시장을 이끄는 핵심 고객이며 어떤 뮤지컬의 흥행은 뮤지컬에 대한 이들의 비합리적이고 배타적인 사랑에서 시작된다고 한다.

그 예로 2023년 8월 첫 한국 매장을 오픈한 이후 매번 제품을 사려는 사람들로 문전성시를 이루는 슈프림Supreme은 충성도 높은 고객들로 유명한 미국의 스트리트 패션 브랜드다. 처음에는 스케이트 보더들의 취향에 맞춰 조금씩 생산하던 제품들이 희소성이라는 부가 가치로 팬덤을 만들어 내며 슈프림은 브랜드 로고만으로도 자신의 취향을 드러내는 수단이 되었다.

Code

8

브랜드와 소비자는
대화해야 한다
| 피드백 |

정보를 서치하고
취향을 아카이빙하는 시대

    나는 스마트폰을 어태치드 브레인이라 부른다. 말 그대로 두뇌를 하나 더 달고 다닌다는 말이다. 스마트폰으로 '스마트' 해지기만 한 정도가 아니라 이것 없이는 이제 인간으로 제 구실을 못 하게 되었기 때문이다. 스마트폰을 들고 있을 때는 모르는 게 없지만, 스마트폰이 없으면 아는 게 없다. 어릴 때부터 기억력 하나는 끝내줬는데 무언가를 온전하게 외우는 걸 해 본 지 오래라 스마트폰의 잠금 화면이나 도어락 비밀번호 빼고는 (사실 이것도 머리가 아니라 손가락이 외우는 것 같지만) 전화번호 하나 제대로 외우는 게 없고 스케줄도 스마트폰의 캘린 더 앱을 열어야 정리가 된다. 주로 카카오톡과 이메일로 업무를 보기 때문에 나부터도 퍼스널 컴퓨터를 거의 사용하지 않는다. 그래서 스마트폰은 나의 휴대용 두뇌다. 나는 이제 인덱스 정도로 존재하는 것 같다. 밥은 안 먹어도 집착에 가까울 만큼 스마트폰 배터리 충전에 예민한 이유다. 다른 사람들도 별반 다르지 않을 것이라 생각한다.

돌이켜 보면 예전에는 원하는 정보를 얻기 위해 공을 들여야 했다. 1970년대 후반에 태어나 X세대 형, 누나를 따라다녔던 학창 시절 압구정 레코드 숍에서 음반을 주문하고 한 달을 걸려 받아 오던 길, 한 달 늦은 패션 매거진을 최신 호처럼 받던 때의 흥분을 여전히 기억한다. 세월이 흘러 이제는 궁금한 게 있으면 스마트폰에 먼저 서치해 본다. '서치'라는 행위는 손전등을 비추는 것을 떠올리면 좋을 것 같은데 단지 검색이라는 뜻이 아니라, 원하는 정보만을 타깃으로 자세히 찾아보는 것이다. 스마트폰과 나고 자라 정보에 목말라 본 적 없이 어린 시절부터 원하는 정보를 자유롭게 서치하며 자란 MZ세대는 정보를 자신의 두뇌에 저장하는 것이 아니라 취향에 맞춰 에디팅하고 자신의 SNS에 보관하는 데 익숙하다.

이를 아카이빙한다고 표현하는데, '컴퓨터 파일을 비롯한 서류, 기록들을 보관하다' 혹은 '기록 보관소'를 뜻하는 아카이브archive라는 단어가 주로 공적인 분야에서 사용되던 것과 달리 지금처럼 개인적인 행위를 표현하는 데 광범위하게 사용하게 된 것도 서치라는 행위로 등장한 새로운 소셜 비헤이비어의 하나다.

피드백이라는
현대적 유희

결론적으로 서치는 정보를 구하는 시간을 극적으로 단축했다. 보고, 듣고, 알고 싶은 욕구를 빠르게 해소하다 보니 정보를 얻기까지 참을성은 줄어들고, 줄어든 시간은 그만큼 정보에 대한 느낌과 의견 같은 감정적 유희로 대체된다. 즉, 피드백feedback이 일상화된 것이다. 피드백은 어떤 콘텐츠에 대한 반응, 반응의 결과 같은 상호 행위를 뜻하는 말로, 직장인이 직장 내에서 업무 보고를 하고도 피드백을 기다리고 연기자가 드라마가 공개되면 피드백을 기다리는 것처럼 우리도 일상에서 무언가를 업로드하면 그에 대한 반응을 기다린다.

우리는 즉각적인 피드백에 익숙해졌다. 피드백의 부재는 희망 고문이다. 인지심리학자 김경일 교수는 앞서 언급했듯 〈MZ세대의 경제학〉이란 강연에서 MZ세대를 휩쓸고 간 NFT 열풍과 연관해 설명한다.

> "우리 인류는 항상 독재적 시스템을 싫어해 왔어요. 그 독재적 시스템을 싫어한다는 게 무엇이냐면 '정보를 나만 알고 있고, 너는 몰라도 돼'라는 거예요. 우리가 NFT로 알 수 있는 것은 바로 '피드백'이에요. 일어나고 있는 일들에 대해서 자세히 알려 주고, 고객에게도 공유해 주고, 상대방에게도 공유해 주는 이 모든 것들이 우리가 열광하는 서비스이자 지향하는 가치들인 겁니다."

공정과 투명, 평등의 가치에 민감한 MZ세대에게 그동안 자본 시장은 기성세대가 독점하여 정보를 공유하기 어려운 영역이었다. 그런데 내역이 투명하게 공개되는 NFT는 이 MZ세대에게 즉각적인 피드백으로 다가왔기 때문에 더욱 호응을 얻을 수 있었다는 것이다.

피드백이 지갑에
미치는 영향

피드백은 소비와 판매의 형태도 바꿔 놓았다. 마케팅에 관심이 있다면 '미디어 커머스media commerce'라는 말을 들어 보았을 것이다. 텔레비전, 신문, 잡지 같은 미디어에서 콘텐츠를 다루고, 상거래는 매장에서 따로 이루어졌다면, 말 그대로 미디어 커머스는 다양한 온라인 플랫폼을 통해 콘텐츠와 제품의 상거래가 동시에 일어나는 것을 말한다.

미디어 커머스의 시작은 홈쇼핑이다. 전문 쇼 호스트가 방송에서 제품이나 서비스를 설명하고 시연하며 판매하는데, 웬일인지 이때 쇼 호스트는 매장에서 내게 물건을 파는 셀러seller가 아니라 어딘지 내 삶을 좀 더 현명하게 만들어 주려는 조언가 같다. 그래서 소비자는 화면 한쪽으로 보이는 타이머와 콜 수에 반응해 기꺼이 전화기를 든다. 당장은 아니지만 미래에 어쩌면 필요할지도 모르는 제품을 소비자가 번들로 구매하면서도 '수지 맞았다'는 만족을 느끼게 하는 것이 홈쇼핑의 묘미이며 때문에 홈쇼핑에서는 쇼 호스트의 역량이 거의 절대적이다.

여기서 나아가 방송을 보면서 내가 궁금한 사항이나 취향을 쇼 호스트에게 실시간으로 물어보고 대답을 들을 수 있다면? 그건 요즘 SNS에서 활발하게 일어나는 '라방(라이브 방송)'에서 가장 잘하는 일이다. SNS에서는 누구라도 셀러가 되어 '라방'을 할 수 있다. SNS 마켓은 현재 가장 핫한 리테일 커머스로 급부상했다.

•• 라이브 방송을 하는 인플루언서의 모습

인플루언서들은 실시간으로 제품 설명을 하고 채팅창에서는 제품 정보부터 가격 질문 등이 마구 올라온다. 인플루언서는 마치 일대일 퍼스널 쇼퍼처럼 꼼꼼히 응대한다. 만일 팔로워가 질문했는데 답이 없다? 그러면 팔로워는 마음이 상해서 라방을 나가 버린다. 단순히 팔로워가 아니라, 고객 한 명을 잃은 셈이다.

셀러인 인플루언서는 판매가 예정된 물건을 자신의 일상에서 자연스럽게 사용하면서 SNS에 사진 등을 업로드하며 팔로워들의 관심을 불러일으킨다. 그리고 일정 시간 노출되면 팔로워들과 약속을 정해 SNS를 켜고 라방을 하며 판매한다. 인플루언서가 '무엇이든 물어보세요'를 뜻하는 '무물' 코너를 오픈해 팔로워의 질문에 하나하나 답을 다는 피드백 이벤트가 인기를 모으는 것도 재미있는 현상이다.

피드백은
공감의 다른 말

이제는 인플루언서가 일방적으로 "좋아요, 좋아요, 좋아요"

소셜 비헤이비어

떠들고 팔로워가 질문하지 못하는 건 상상할 수 없다. 그 인플루언서의 계정을 팔로우하고 라방을 본다는 자체가 그 인플루언서에 대한 호감을 전제로 하기 때문이다. 라방의 꽃이라 할 수 있는 실시간 피드백은 그들끼리 친밀감을 더해 주기 때문에 좁게는 물건을 팔고 사는 행위이지만, 넓게는 자신과 취향을 함께하는 이들과 연대한다는 공감을 느낀다. 이런 일련의 과정은 물건에 대한 심리적 만족감을 뜻하는 '가심비價心費' 현상으로 표현할 수 있다. 과거에는 '가성비'라는 말로 물건을 구매할 때 가장 중요한 요소가 가격 대비 얼마나 저렴한지였다면, 지금은 가격이 조금 높아도 소비자의 심리를 만족시킬 수 있는 물건을 판매하는 게 중요하다는 것이다. 인플루언서의 친밀한 피드백, 취향과 공감을 바탕으로 한 팔로워의 '좋아요'는 디지털 시대를 상징하는 소셜 비헤이비어의 특징이다.

한편 이런 피드백 현상은 팬데믹으로 고립감을 경험한 사람들 사이에 인간적인 연결에 대한 욕구가 늘어난 것으로도 볼 수 있다. 내가 일부 라방에서 관찰해 본 결과 밀레니얼세대가 나누는 이야기를 보면 제품 이야기로 시작해 맛집, 피부과, 육아 등으로 흘러가기 일쑤인데, 이 재미에 라방을 출석 체크하는 이들도 적지 않다. 아마 MZ세대 부모가 알파세대를 키우기 때문일 것이다.

2023년 디즈니플러스에서 최민식과 손석구가 주연한다는 것만으로도 화제를 모았던 〈카지노〉가 예상 외로 저조한 시청률을 기록하자 이를 두고 여러 가지 해석이 나왔다. 내가 생각할 때 가장 큰 요인은 드라마를 매주 1회씩 감질나게 공개했기 때문이 아닌가 싶다. 요즘엔 세대를 불문하고 드라마는 한꺼번에 몰아서 본다. 이제는 시리즈물이라도 대대적으로 홍보를 하고 시작일에 맞춰 시즌과 줄거리를 모두 공개한다. 그리고 온라인과 그 밖의 세상에서 시청자들끼리 놀 수 있게 피드백의 장을 열어 주는 것이 관례다. 이 피드백은 시청자들의 놀이터다. 콘텐츠를 검색하고 그 콘텐츠로 밈이나 짤을 만들어 논다. 피드백이 하나의 유희인 셈이다.

각종 경연 프로그램은 시청자들의 실시간 투표를 현장에서 취합해 그 자리에서 결과까지 볼 수 있게 하고, 같은 시간 온라인에서는 실시간 채팅으로 피드백의 장이 열린다. 넷플릭스 드라마 〈더 글로리〉는 시즌 1, 2로 쪼개어 영상을 론칭하면서도 그 공백기에 드라마에 대한 피드백의 놀이터를 열어 대중의 관심에서 잊히지 않고 큰 인기를 모았다. 시즌 1이 끝나고도 대중의 관심을 끌기 위해 '중간고사'라는 이벤트를 열어 시청자들이 드라마와 관련한 문제를 풀고 이야기할 수 있도록 나선 것이다. 〈더 글로리〉의 사례는 마케팅의 성공 사례로 손꼽힌다.

직장에서도 누군가에게 동기 부여를 하고 싶다면 먼 미래의 희망을 말하는 것보다는 자주, 그리고 빠르게 피드백하는 편이 효과적이다. "지금 충분히 잘하고 있어. 3년쯤 뒤엔 과장이 되어 있을 거야. 그 정도면 빠른 거지. 나 때는 그렇게 5년은 해야 과장을 달았거든"보다는 "잘했으니까 휴가" "고생했으니 내일 휴가" "자, 인센티브"라고 해야 MZ세대가 이해할 수 있다.

Insight

지금의 피드백 문화는 MZ세대의 특성이 반영된 소셜 비헤이비어다. 그러므로 기업은 일방적으로 소비자와 커뮤니케이션하지 않고, 소비자의 반응에 적극적으로 피드백하며 상호 작용할 때 좋은 브랜드 이미지를 만들 수 있다.

Code

9

광고 100번보다
입소문 한 번이 낫다
| 바이럴 |

'느낌'이
답이다

볼링핀이 위태롭게 서 있는 침대 위. 볼링공이 침대 위로 떨어지지만 놀랍게도 볼링핀은 쓰러지지 않는다. 그리고 흘러나오는 목소리. "흔들리지 않는 편안함, 시몬스." 1990년대 후반 이 텔레비전 광고가 얼마나 인상적이었는지 거의 30년이 지난 지금도 볼링핀과 이 문구는 시몬스를 상징한다. 이후로 볼링핀 콘셉트를 유머러스하게 변주한 미국적인 스토리와 2010년대 초 발명가 에디슨, 대통령 루스벨트가 쓴 침대라는 것을 강조한 광고 시리즈들은 대중 친화적이면서 동시에 선진적인 이미지로 시몬스라는 브랜드를 각인시켰다. 알고 보

면 시몬스는 원래부터 업계에서 회자되는 '광고 맛집'이다.

그러나 누구나 알다시피 텔레비전 시청률은 하락하고 있었고 히트 드라마라고 하면 20퍼센트는 거뜬히 넘던 시청률이 7, 8퍼센트 정도로 떨어지니 시몬스에도 광고의 텔레비전 플랜을 넘어서는 무언가가 필요한 시점이었다. 텔레비전이라는 미디어는 시청자가 원치 않아도 광고를 보게 되어 있으니 의도치 않게 광고하는 브랜드까지 짜증스럽다는 부정적인 인게이지먼트를 가질 수 있다. 스스로 광고를 선택하지 않았기 때문이다. 그래서 광고들이 대중에게 쉽게 각인되지만 거부감을 느끼지 않도록 가볍고 재미있는 감성으로 많이 만들어지던 차였다.

시몬스는 소비자가 광고를 보고 좋은 기분을 느끼도록 전략을 짰다. 브랜드 메시지나 제품의 기능은 이미 모르는 이가 없을 정도이니 정보보다는 느낌으로 시몬스와 소비자 사이의 긍정적인 관계를 형성하고자 한 것이 새로운 광고 전략이었다. 여기에는 텔레비전을 과거처럼 '유일하고 막강한 매체'로 볼 것이 아니라 SNS, 유튜브처럼 동영상을 올릴 수 있는 '플랫폼 중 하나'로 보게 된 것도 이유였다.

호기심을
자극하라

마침 시몬스는 이미 프리미엄 침대로의 이미지가 탄탄했기 때문에 메시지를 전달하는 임프레션impression이 아닌 느낌을 전달하는 퍼셉션perception*의 관점에서 광고를 새롭게 보기 시작

---

* '임프레션'은 브랜드가 소비자에 노출된 정도를 말하고, '퍼셉션'은 소비자가 브랜드에 갖는 느낌이나 인상, 평판 등을 말한다.

했다. 임프레션이 짧은 시간 안에 제품이나 브랜드에 대한 메시지를 많이, 자주 전달하는 것이라면 퍼셉션은 느낌을 전달하는 것이다.

광고 스타일링을 키워드로 제품을 빼더라도 전반적으로 '아 저런 좋은 느낌!'이 자연스럽게 브랜드와 붙을 수 있도록 콘셉트를 잡으면서 특히 패셔너블한 코드를 주입해 이미지 그 자체로 다양하게 해석될 수 있는 여지를 만들었다. 마치 패션 광고를 찍거나 스토리를 짜듯 런웨이 모델을 섭외하고 그와 보조 모델에게 럭셔리 브랜드의 신상 룩을 입혀 감각적이고 고급스러운 분위기를 가미했다. 톱 모델 션 오프리Sean O'pry에게 의상으로 발렌시아가에서 첫 컬렉션을 선보였던 뎀나 바잘리아Demna Gvasalia의 옷을 입혔다.

당시 패션계의 신성이었던 뎀나 바잘리아가 발렌시아가에서 선보인 컬렉션 피스piece들은 전 세계에서 솔드 아웃될 정도로 유명한 제품이었다. 이를 알아보는 사람들 사이에서는 '시몬스가 어디서 저 옷을 구했지?' '침대 광고에 션 오프리가?' 하는 궁금증으로 스토리텔링을 시작할 것이라고 예상했다.

소셜 비헤이비어

●● 모델들을 통해 분위기를 전달하고 있는 시몬스의 2021년 퍼셉션 광고들

흔들리지 않는 편안함

●● 2018년 시몬스의 〈하루동안 고생한 나를 위하여〉 텔레비전 광고

여기에 광고 음악으로 평소 음악을 즐겨 듣는 시몬스의 안정호 대표님이 추천한 영국 듀오 그룹 혼네HONNE의 〈warm on a cold night〉를 선곡했다. 특히 음악이 MZ세대에게 크게 어필한 덕분에 시몬스 광고 이미지가 매스 미디어를 넘어 디지털 미디어에서 감각적인 브랜드로 바이럴되는 효과를 얻게 되었다.

"얼마나 노출되었느냐?"가 아니라 "얼마나 기분 좋은 느낌을 전달했는가?"가 핵심이다

침대 없는
침대 광고

2019년 시몬스의 광고에는 침대가 없다. 마틴 게릭스^{Martin} Garrix의 노래 〈summer days〉가 잔잔하게 흘러나오며 수영장, 해변, 숲을 배경으로 편안히 누워 있는 모델과 팝 아트적인 영상이 전부였다. 그럼에도 광고가 나온 후 4주간 광고 시청률 1위를 차지했고 편당 조회 수가 700만 회를 훌쩍 넘기며 소비자의 뜨거운 관심을 받았다.

이 광고는 시몬스가 앞서 2018년에 패셔너블한 광고로 히트를 치자 더 과감하게 가 보자는 안정호 대표님의 제안에서 시작했다. 아예 광고에서 제품을 빼 버리면 어떻냐는 파격적인 제안이었다. 그 제안을 바탕으로 여러 가지 광고 콘티를 만들었다. 그중 텍스트로만 콘텐츠를 꾸리는 시안이 있었는데, 다만 보여지는 광고에서 이미지가 아닌 텍스트를 중심에 놓을 경우 아무리 타이포그래피 디자인을 잘해도 그걸로는 충분하지 못하다는 느낌이 남기 마련이다.

●● 2019년 시몬스의 침대 없는 침대 광고

그래서 공감각적인 인상을 남기기 위해 음악은 꼭 디제이 믹스dj mix*를 사용하기로 했다. 그리고 감독은 일반적인 커머셜 광고 감독이 아닌 특이하게 비주얼 아티스트를 기용하자는 쪽으로 가닥이 잡혔다. 생경한 느낌으로 디자인과 색감을 활용하여 앞서 이야기했듯이 광고라는 '노이즈noise'로 가득한 일상에서 시몬스의 광고가 마치 오아시스 같은 느낌으로 소비자에게 퍼셉션하는 것이 전략이었다.

이 광고는 미국의 아트 크리에이터 그룹 싱싱 스튜디오Sing-Sing studio가 촬영 및 작업을 맡았다. 싱싱 스튜디오는 LA를 기반으로 한 아트 크리에이터로 애플, 나이키 등과 작업한 실력파 그룹이다. 싱싱 스튜디오가 풍기는 LA 특유의 낙천적이고 팝pop한 분위기가 경쾌한 음악과 어우러지면서 침대를 모티프로 하되, 기존에 예상하지 못한 아티스틱한 방식으로 위트 있게 대중에게 어필할 수 있었다.

이 광고로 만든 한정판 굿즈들은 보통 기업이 만든 굿즈들과 달리 프리미엄 가격까지 붙어서 소비자들 사이에 팔릴 정

---

* 일반적으로 하나의 연속 트랙으로 나타나도록 함께 믹스된 일련의 음악 트랙을 가리킨다.

●● 시몬스 광고로 만든 굿즈

도로 인기를 모으기도 했다. 제품을 억지로 알리려고 하기보다는 제품이 소비자에게 주고자 하는 느낌을 파는 것, 그것이 퍼셉션의 핵심이다.

호불호가 강해서
바이럴이 된 좋은 예

시몬스는 이렇게 이미지 변신에 성공하면서 2020년에는 창립 150주년을 기념한 공익 광고에 도전했다. 바로 〈매너가 편안함을 만든다Manner Maketh Comfort〉이다. 이번에도 성수동 시몬스 하드웨어 스토어에서의 목표처럼 우리끼리 시몬스의 창립을 자축하는 게 아니라, 소비자에게 색다른 이벤트처럼 다가가는 것이 목표였다. 그리고 상업 광고가 아니기 때문에, 시몬스라는 브랜드가 할 수 있는 의미 있는 일을 시도하자는 의식도 있었다.

승객으로 꽉 찬 지하철, 한 남성 모델이 비좁은 자리를 차지하고는 자신의 양다리를 쫙 벌리는 이기적인 자세를 한다. 그런데 어디선가 'SIMMONS' 글자가 나타나 순식간에 남성 모델의 다리를 오므려 버리는 위트 있는 장면을 연출했다. '흔들리지 않는 편안함, 시몬스'라는 오래된 슬로건에서 '편안함'만을 도출해 현대적으로 굉장히 스타일리시하게 표현해 낸 것이다.

전형적인 공익 광고의 룰을 벗어던지고, 침대를 홍보하는 상업 광고의 틀도 깨 버린 파격적인 내용에 세간의 반응이 시끄러울 것이라 예상했다. 역시 예상대로 광고를 본 대중의 호불호가 확실했다. 하지만 그런 화제성 때문에 바이럴 또한 잘되었다. 그것이 곧 시몬스의 인지도를 한층 더 끌어올리는 계

●● 2020년 시몬스의 〈매너가 편안함을 만든다〉 텔레비전 광고

소셜 비헤이비어

기가 된 것은 두말할 나위 없다.

브랜딩에
시대정신을 녹여라

2022년 무의미한 영상을 의미 없이 반복하는 영상을 광고로 론칭했다. 단순하고 의미 없는 이미지와 편안한 ASMR로 볼수록 무의식적인 편안함을 연출하는 〈오들리 새티스파잉 비디오〉로 쉽게 '멍 때리기' 광고라고 부른다. 너무 튀어서 좋아하는 사람과 싫어하는 사람이 명확했다. 반응 없이 잊히는 것보다 어쨌거나 한 번이라도 언급되는 것이 중요하니 개인적으로는 '안티도 팬'이라고 생각한다. 무엇보다 이 광고는 어찌 보면 무의미한 영상을 반복적으로 노출하는 데 의미가 있었다. 이 광고를 기획한 2022년은 팬데믹이 절정에 치달을 때였다. 피곤하고 불안한 상황인데 모두가 끝을 알 수가 없으니 사회 전반에 지친 분위기가 팽배했다. 회사 내부의 분위기도 다르지 않았다.

이때 우연히 '멘털 헬스mental health'라는 키워드를 접하게 되었다. 멘털 헬스는 1960년대, 1970년대 베트남 전쟁과 케네디 대통령 암살 등 사회적으로 큰 파장을 몰고 온 사건들에 대한 심리적 반동으로, 미국의 젊은 층을 중심으로 번진 히피 문화에서 파생된 문화다. 즉, 동양의 명상에 대한 관심에 자연과의 조화를 추구하는 당시의 '웰빙' 혹은 '힐링' 트렌드다.

한편 힐링이라는 키워드로 바쁜 일상에 잠시 생각을 끄는 멍 때리기라든지, 의미 없이 빵 반죽을 만지거나 흙을 밟는 등 특정한 행동을 반복하는 내용만으로도 묘한 안정감을 주는 새티스파잉 비디오satisfying video가 유튜버들 사이에서 유행이었다. 시몬스는 이 시대정신과 당시 최신 유행하던 콘텐츠에 영감을 얻어, 우리만의 〈오들리 새티스파잉 비디오〉에 뛰어들었다. 마케터에게 '시대정신'은 브랜딩을 할 때 중요하게 고려해야 할 세간의 큰 흐름이다. 이런 거시적인 트렌드를 마케팅의 소재로 가져오면 굉장한 PR 밸류value, 즉 마케팅에 굉장한 가치를 부여할 수 있다.

●● 시몬스의 〈오들리 새티스파잉 비디오〉를 관람하고 있는 관람객(위)과
'멘털 헬스'라는 시대정신을 담아 만든 〈오들리 새티스파잉 비디오〉
'오렌지 나무' 편(아래)

텔레비전 대신
유튜브를 선택한 이유

  그런데 이 광고를 송출할 플랫폼으로 텔레비전은 딜레마가 있었다. 우선 매체비가 비싸고, 결정적 문제는 텔레비전 시청률이 점점 떨어지는 것이었다. 텔레비전 본방 사수율은 50대나 넘어야 간신히 올라가는 정도다. 40대만 해도 시간을 지켜 방송을 보지도 않고 광고가 나오면 채널을 돌려 버리기 일쑤다. 그래서 당시 광고를 제작하면서 특이하게 만들되 텔레비전 전용으로 한정 짓지 말고, 새로운 콘텐츠 제작이라고 생각하되 텔레비전을 넘어 다른 플랫폼으로 어떻게 확장시킬지를 고민했다. 그리고 성공적인 콜라보레이션을 했던 미국의 아트 크리에이터 싱싱 스튜디오를 떠올렸다.

  마침내 이 광고가 송출되고, '침대 없는 침대 광고'라는 제목으로 온라인에서 바이럴이 일어나면서, 특이한 광고를 다루는 유튜버들의 눈에 띄어, '공개 일주일 만에 누적 조회 수 700만 회'라는 제목 등으로 콘텐츠들이 자발적으로 마구 만들어지기 시작했다. 특히 광고 리뷰로 유명한 한 유튜버에게 리뷰가

마케팅에서 시대 정신을
적절히 활용하면
굉장한 PR 밸류를 얻을 수 있다

된 덕분에 운이 좋게도 광고가 론칭되자마자 연쇄적인 호응을 얻는 행운도 누렸다.

바이럴이 시작되는
의외의 장소

한편 이 광고를 2분 정도의 영상으로 편집한 여덟 가지 버전을 서울 강남의 가로수길에서 청담동까지 이어지는 대로의 23개 빌보드에 반복적으로 틀었다. 가로수길부터 청담동까지 지나가는 사람이라면 누구든, 항상 이 영상을 볼 수 있도록 말이다. 설 연휴 직후 춥고 황량한 서울 한복판에 아주 비비드한 컬러 영상을 반복적으로 트는 거다.

여기에는 분명한 목표가 있었다. 가로수길부터 청담동까지 패션, 광고업계 종사자들이 주로 다니는 이 길목에 시몬스의 광고를 노출해 업계인을 설득하는 것이었다. "시몬스 광고 봤어?" 소비자에게 도착하기 전에, 먼저 업계에서 바이럴이 시작되면 마치 나비 효과처럼 나머지는 큰 물결을 타고 소비자

●● 시몬스의 〈오들리 새티스파잉 비디오〉를 리뷰한 유튜브 콘텐츠

에게 저절로 퍼지기 때문이다.

〈오들리 새티스파잉 비디오〉 광고가 콘텐츠 전문 유튜버들에게 최초로 발견되어 다른 인플루언서들에게까지 빠르고 폭발적으로 리뷰되고, 그 영향으로 일반 시청자들마저 관심을 보여, 2024년 지금까지 조회 수가 2,000만 회 이상을 기록할 수 있었다. 대한민국 5,000만 인구 중 어린이를 제외하고 대략 대한민국의 절반 정도가 좋아하든 싫어하든 이 광고를 본 셈

●● 2022년 시몬스의 〈오들리 새티스파잉 비디오〉 전광판 광고,
업계인을 먼저 설득하면 대중에게 확산되는 속도가 더 빨라진다

이다. 결국 이 광고는 2022년 대한민국 광고 대상 TV 영상 부문 금상을 수상하는 쾌거를 얻었다.

Insight

메시지를 전달하는 임프레션에서 느낌을 전달하는 퍼셉션으로 광고 전략을 틀면서 '텔레비전을 위한' 광고가 아니라 수많은 플랫폼 중 하나로 텔레비전을 활용하게 되자 새로운 이미지로 소비자에게 인식되는 효과를 얻었다.

느낌으로 차별화를 완성한 테슬라

"테슬라라도 타야 하는데." 대치동 학원가 부모 사이에서 떠
도는 우스갯소리다. 대치동에 포르쉐, 벤츠와 BMW가 많은
이유가 승차감보다는 하차감에 있다는 말도 한 학부모에게
들었다. 그런데 학원가를 메운 자동차들 사이에서 테슬라는
이런 것들과 달리 밀레니얼세대 부모에게 돈보다는 자신들의
의식 있는 삶을 나타내는 지성미를 함축한 '콘셉트 카'다.

유승호는《취향의 경제》라는 책에서 테슬라 같은 전기차를
타고 다닌다는 것은 "신기술에 관심 많은 혁신 지향적 인력이
며 환경 보호에 관심이 많은 문화 자본 인간임을 드러낸다"고
지적한다.

자동차의 경우 자동차를 구매할 때의 주요 요소들은 대략
연비, 가격, 디자인, 브랜드 정도다. 자동차 초기 시대에

●● 친환경을 상징하는 풍차 배경과 테슬라의 전기차

는 디자인과 브랜드, 가격이 중요하더니 이제 시대가 바뀌어 연비가 점점 더 중요해지고 있다. 환경을 중시하는 소비자들이 등장한 것이다. 그런데 이들은 값비싼 차를 탈때도 연비를 따진다. 비싼 차 값에 비하면 기름값을 아끼는 것은 별로 대수로운 문제가 아니다. 그런데도 럭셔리카를 사는 사람들이 연비 좋은 차를 고른다. 작은 돈의 절약보다는 환경을 보호하려는 의지가 있음을 보이려는 것이다. 이전에는 고려 대상도 아니었던 환경이 하나의 중요한 가치를 생산하게 된 것이다.

그렇다면 왜 MZ세대는 전기차 중에서도 테슬라를 고집할까. 대부분 전기차가 환경 보호를 들며 친환경 콘셉트를 말할 때 테슬라의 CEO인 일론 머스크Elon Musk는 포르쉐를 타는 이들이 중요하게 여기는 주행 성능에 집중했다. 그리고 프리미엄 전기 스포츠카 '로드스터'를 개발하고 주차장의 전기차 주차 구역에 강렬한 레드 컬러의 테슬라 로고를 넣어 테슬라의 미래적인 에너지를 대중에게 각인시켰다.

여기서 '미래적'이라 함은, 자동차를 단지 이동 수단이 아니라 일상에 빠져서는 안 되는 디바이스device로 패러다임을 전환한 것으로 설명할 수 있을 듯하다. 과거 애플이 아이폰을 단순히 스마트폰이 아니라 무엇이든 할 수 있는 디바이스로 포지셔닝하며 스마트폰 시장에서 스마트폰 그 이상의 대체 불가한 이미지를 선점한 것과 비슷하다.

예컨대 '친환경' 하면 자동 연상되는 그린 에너지와 슬로우 라이프 같은 에너지를 절약한다는 느낌 대신, 친환경이라는 가치 자체를 젊고 다이내믹하며 지성미까지 겸비한 초현대적인 미학으로 바꾼 것이다. 물론 여기에는 대대적인 광고가 아닌 SNS로 대중에게 직접적으로 소통하는 일론 머스크의 도발적인 이미지, 허세 같아 보이지만 상상을 현실로 만드는 그의 독특한 캐릭터도 크게 한몫했지만.

테슬라는 자사의 친환경적인 이미지를 선한 의지로 표현하기보다는 자동차를 디바이스라는 관점으로 전환해 시대에 걸맞는 쿨한 이미지로 포장한다. 그래서 포르쉐와 인조 가죽의 조합은 어쩐지 비싼 프리미엄 자동차에 어울리지 않아 거부감이 들지만, 테슬라는 되려 인조 가죽을 사용한다는 것을 강조하며 동물 보호라는 윤리적 가치조차 트렌디하게 내세운다. 그래서 테슬라는 럭셔리 세단보다 저렴해 보이는 게 아니라 지적으로 보인다.

세련된 뷰티 구루: 이솝

럭셔리와 가성비까지 다양한 가격대가 걸쳐진 뷰티 업계에서 이솝Aesop은 '세련됨'이라는 독보적인 위치를 차지한다. 한때 '고급'이라거나 '감각적'이라는 거의 모든 매장과 레스토랑

의 화장실에 이솝의 핸드 워시와 밤이 구비되던 때가 있을 정
도였다.

이솝은 호주에서 미용실을 하던 데니스 파피티스^{Dennis Paphitis}
가 1980년대 당시 사용되던 염색제의 암모니아 냄새를 줄이
기 위해 허브와 천연 오일을 배합한 제품을 개발한 뒤 헤어와
스킨 케어 라인을 선보이며 시작했다. 그때 개발한 특유의 중
성적이고 자연적인 허브 향에서 느껴지는 건강하고 자연 친

●● 이솝 영국 매장

화적인 이미지가 지금까지 이어져 브랜드의 철학이자 매력이 되었다. 시즌별로 선보이는 신제품도 없고 흔한 광고 이미지도 없는 데다, 브랜드를 검색해 보기 전엔 원산지도 모호한 유니버셜한 패키지만으로도 이솝은 매니아층을 만들어 냈다.

사실 이솝은 유기농이나 자연주의를 고집하는 청정 브랜드도 아니고, 특출하거나 독보적인 제품력을 과시하거나 아름답게 포장한 광고를 내걸지도 않는다. 하지만 대중은 심플하고 변치 않는 제품 라인과 향, 재활용할 수 있는 코튼 패키지 등에서 건전한 아름다움을 느끼고 매료된다.

이러한 경험은 이솝을 이야기할 때 빼놓을 수 없는 매장 디자인으로도 고스란히 이어진다. 이솝은 로컬라이징에 초점을 맞춰 독특한 지역 문화가 있는 곳을 찾은 뒤 자사의 매장을 열때 인근 건축물과 조화를 중시하는 외관 디자인을 추구한다. 그 덕에 세계 각지의 매장은 각기 다른 콘셉트로 만들어지고 이질감 없이 그 지역에 녹아 든다. 오직 매장 안에 깔끔하게 나열된 갈색 병만 세계 공통이다.

매장 컨설턴트들의 가장 중요한 일과 중 하나는 제품의 홀수 배열 규칙을 지키고 제품의 앞뒤 간격을 일정하게 유지하면서 제품의 높낮이가 들쑥날쑥하지 않도록 관리하는 일이다. 온갖 기술적 테크닉이 난무하는 뷰티 트렌드와 친환경에 대한 신지식이 넘치는 와중에도 이솝은 그저 자연스러운 향, 주위와 이질감 없이 녹아 드는 제품 디자인과 정돈된 분위기 등 담백하고 조화롭게 브랜드를 표현하는 철학을 고집했다.

"내가 뷰티 브랜드를 시작한 이유는 철학자가 되기엔 인내심이 부족하고 건축가가 되기엔 재능이 부족했기 때문입니다."

-《매거진 B: Aēsop》

이솝의 이 같은 행보는 마치 명상에 가까운 조용하고 묵직한 이미지가 되어 사람들을 끌어당겼고, 그 결과 이솝을 상징하는 세련된 지속 가능성이라는 미학을 완성했다.

Step

4

지속 가능하게
경영하라

Code

10

사람을 먼저 경영하라
| 애자일 |

'not to do list'를
만드는 이유

내가 속한 브랜드 전략 사업부에서 프로젝트를 시작할 때는 무엇을 꼭 해야 한다는 '투 두' 리스트보다는 무엇을 하지 말아야 하는지 정하는 '낫 투 두' 리스트를 만든다. 회사라는 전형적인 조직 안에서 신규 프로젝트를 시작할 때, 몇 가지만 제외하고는 '다 해도 된다'는 시그널을 주면 실무진이 일을 대할 때 주도적이 된다.

SIMMONS DESIGN STUDIO
NOT TO DO LIST

- [ ] NO Champagne
- [ ] NO Gala Dinner
- [ ] NO Brand Book

⋮

●● 150주년 이벤트 기획 당시의 낫 투 두 리스트

낫 투 두 리스트를 만들면 직원들이 자유로움 안에서 적극적이고 유연하게 일할 수 있어 창조성이 크게 발휘된다. 이런 과정을 통해 실무진 사이에서 시너지가 나고 일의 효율성이 높아져 좋은 결과로 이어진다는 걸 나는 그동안 팝업 스토어 등의 성공으로 실감하고 있다. 이제 기업은 돈을 '얼마나'만큼 '어떻게' 버느냐 또한 중요한데, 바로 이 지점에서 지속 가능한 비즈니스를 논할 수 있다. 개인과 개인, 개인과 회사는 모두 결국 감정으로 연결되어 있기 때문이다.

지속 가능한 성장의 조건, 조직 문화

《인피니트 게임》을 쓴 세계적 조직 문화 전문가 사이먼 시넥Simon Sinek은 이렇게 개인의 성장이 회사의 성장으로 연결되고, 이것이 다시 개인의 성장으로 선순환이 지속될 때 기업의 수명도 연장될 수 있다고 말한다.

돈은 대의명분에 힘을 싣는 수단이지 대의명분 그 자체는

아니다. 성장해야 하는 이유는 대의명분을 진척시킬 자원을 더 많이 얻기 위해서다. 기름을 많이 넣으려고 자동차를 사지는 않듯이 기업도 부의 축적 이상으로 더 큰 가치를 창출해야 한다. 자동차가 아니었다면 갈 수 없었던 곳을 가게 될 때 자동차는 가치가 있다. 마찬가지로 개인으로서는 발전시킬 수 없었던 대의명분을 실현하도록 이끌어 주는 기업이 가치 있다.

중요한 것은 직원들을 승자와 패자로 구분해 보상 체계로 일관하는 승자 독식의 논리가 아니라, 기업이 직원들에게 그들이 맡은 일을 왜 해야 하는지 납득할 수 있는 올바른 명분을 줄 수 있어야 한다는 것이다. 그래야 기업이 조직을 올바른 방향으로 움직이고 원하는 결과도 창출할 수 있다.

기업은 직원들이 크게는 사회 속에서 작게는 조직 내에서 그들이 맡은 일에 대해 당위성을 심어 주고 동기를 부여해야 한다. 직원들에게 '회사 일'이 아니라 '나의 일'을 하고 있다고 일깨워 주면, 그들에게 자연스럽게 '자기애自己愛'가 생기고, '회사 일'을 하며 나의 시간을 쓰거나 희생한다는 부정적인 감

소셜 비헤이비어

정보다는 '나의 일'을 통해 성장하고 있다는 긍정적인 감정이 생겨서 개인의 업무 역량과 책임감을 끌어올릴 수 있다.

개인의 성장은 곧 회사의 성장으로 이어지며 회사가 성장하면 다시 개인도 성장하는 선순환을 만들어 낼 수 있다고 믿는다. 나는 시몬스 안의 유닛 그룹으로 시작해, 본격적인 브랜딩 회사로 성장하여 어엿하게 분사分社한 시몬스 디자인 스튜디오로 이 믿음이 증명되는 것을 목격했다.

애자일하게
일하는 법

시몬스 브랜드 전략 사업부는 크게 플랫폼 오퍼레이팅팀과 디자인 스튜디오로 구분된다. 이 두 조직이 긴밀하게 협업하여 많은 성과를 내고 있는데, 실무는 임원진이 아니라 모두 1980년대생 이하 팀원들이 맡았다. 그리고 이들은 각자 프로젝트의 콘셉트에 맞춰 외부 전문가와 끈끈하게 커뮤니케이션하면서 작업을 진행한다. 시몬스 디자인 스튜디오는 업계의 최신 마케팅 트렌드를 유연하게 따라가면서 시몬스의 브랜딩, 마케팅 활동에 빠르게 적응하기 위해 내부 실무진과 외부 전문가가 프로젝트 성격에 맞춰 모였다가 흩어지는 협업 관계로 시작했다.

이렇게 하다 보면 내부 직원들은 외부 전문가들로부터 잔뜩 벼려진 실무를 직접 배울 수 있고 외부 전문가는 광고주의 정확한 니즈needs를 파악할 수 있어서 자연스럽게 애착 관계가 생긴다. 물론 모든 일이 생각대로 잘 풀리지만은 않을 테니 때로는 난관을 만날 때도 있다. 하지만 이럴 때 애자일agile한 업무 방식이 분명 도움이 된다.

애자일은 '민첩한'이라는 뜻인데, 최근 기업의 혁신적인 경영 방식으로 도입되어 각광받는 중이다. 하나의 프로젝트를 작은 팀 단위로 나누고, 빠르게 변하는 환경에 유연하게 대처하기 위해 신속성을 강조한 방식이다. 시몬스 디자인 스튜디오는 이런 애자일 업무 방식이 자연스럽게 녹아 있기 때문에, 한 프로젝트가 초기 계획과 달리 산으로 갈 것 같다면 그동안의 노력과 예산이 아깝더라도 빠르게 포기하는 것을 훈련했다. 나는 애자일을 '최신, 최선'을 유연하게 받아들이고 될 것 같다면 제대로 밀고 나가고 안 될 것 같으면 빠르게 포기하거나 수정을 반복하는 과정이라고 생각한다.

리더가 해야 하는 일

하드웨어 스토어와 그로서리 스토어를 기획했을 때 일이다. 각 팝업 스토어들의 굿즈는 상품 기획팀과 아트팀, VMD visual merchandiser팀 등 내부 디자이너들이 직접 디자인해서 발주하는 형식으로 진행했다. 임원진의 결정에 얽매이지 않고 실무진들끼리 침대와 전혀 상관없는 안전모, 삼겹살 마블링을 재현한 수세미나 롤러스케이트, 재떨이와 라이터 등 신선하고 위트 있는 굿즈를 만드는 모습을 보며 나홀로 뒤에서 신이 나기도 했다.

어느 날은 굳이 내게 의견을 묻기도 했는데, 어차피 내 의견이 중요한 것도 아닐 듯해서 무조건 '오케이' 사인을 보냈다.

나는 책임자이지만 실무에 직접 관여하지 않으려 최대한 노력한다. 대신 그들의 업무 영역을 존중하는 것으로 그들을 동기부여하려고 노력한다. 내 역할은 조직 내 기능을 구분하고, 최종 결과에 책임을 지고, 팀원이 만든 일에 가치와 의미를 부여하는 것이기 때문이다. '무언가를 하라'고 지시하기보다 실무자들이 어떤 성과를 낼 수 있는지, 어떤 사람인지 그들에게 존재감을 심어 주는 것도 내 일이다.

직원들이 책임감을 가지고
일하게 하는 법

우리는 광고를 제작할 때도 대행사를 건너뛰고 직접 프로덕션, 스타일리스트, CF 감독들과 협업한다. 촬영 전까지는 여러 디테일에 시몬스 디자인 스튜디오가 직접 관여하고 디렉팅하는 데 공을 들인다. 세트, 패션, 음악, 심지어 조명 같은 디테일 하나하나에도 많은 레퍼런스를 외부 팀과 공유해서 원하는 것을 구체적으로 제시하는 편이다. 초반에는 광고주의 지나친 개입으로 보일 수도 있다. 하지만 우리가 원하는 것과 원치 않는 것을 명확히 하고, 서로 교감하며 작업의 감도를 높여 가다 보면 늘 기대 이상의 결과를 만들 수 있었다.

침대를 빼고 타이포그래피로만 광고를 제작했을 때는 CF 감독보다 비주얼 아티스트를 기용하고 DJ 음악을 믹스해 보자는 방향성만 정했다. 그렇게 창의성을 열어 둔 덕에 만족스러운 광고가 나왔다. 〈매너가 편안함을 만든다〉 광고를 촬영할 때는 MZ세대에게 어필하기 위해 거의 신인이었던 CF 감독 이현지를 과감하게 기용했다. 그리고 모든 광고 제작 과정에 광고주와 외부 실무진이 밀접하게 움직이며 프로젝트를 진행했다. 그 과정에서 비록 비즈니스 관계이지만 하나의 광고를 작품으로 만들겠다는 목표로 일하면서, 서로를 애정하는 시너지마저 생겨 그 뒤로 우리는 연이어 다섯 편의 광고를 더 촬영하기도 했다.

수년째 호흡을 맞추고 있는 크리에이티브 크루들과의 관계도 비슷하다. 함께 브랜드를 빌드 업하며 서로의 영역이 확실해지다 보니 광고주의 마음에 드는지 아닌지 눈치를 보는 게 아니라 작업 전반에 진심과 최선을 다하며 결과물에 애정을 가지고 몰두하는 게 보일 정도였는데, 이러한 애정이 결국엔 책임감이라는 귀한 가치로 수렴되었다.

위계와 직급 대신
크루로 일하기

시몬스 디자인 스튜디오는 위계나 직급 대신 기능으로 업무를 구분하고, 크루라는 이름으로 뭉쳐 서로의 영역을 인정하며 트렌드를 유연하게 받아들이는 조직 문화가 발달해 있다. 그래서 순발력과 창의력이 뛰어나다. (물론 안전이나 품질 사고를 유의해야 하는 생산이나 영업 파트와는 전혀 다른 이야기다.) 2020년 팬데믹이라는 악재 속에서 성수동 시몬스 하드웨어 스토어가 오픈했다. 하지만 우리는 이 순발력과 창의력을 무기로 '사회적 거리두기'라는 제약을 '줄 서기'라는 기회로 삼았다. 말 그대로 '줄 서서 봐야 하는 곳'이라며 위트 있는 입소문을 낸 것이다.

해운대 시몬스 그로서리 스토어를 기획할 때는 '여름에 해운대에 방문하는 사람들의 마음은 어떨까?'에서 브레인스토 밍을 시작했다. 그래서 '여름 놀이터'로 해운대 시몬스 그로서 리 스토어의 방향을 정했다. 이렇게 성공한 기획의 결과 대부 분이 처음부터 무언가를 정확히 정의하고 절차대로 해결한 것이 아니라 실무진들이 저마다 주어진 상황에 유연하게 대 처하며 전략을 수정하고 실행하는 데서 온 것이다.

시몬스 디자인 스튜디오는 실무자가 자신과 함께 일할 크루 를 모을 때 임원진이 특별히 관여하지 않는다. 적재적소에 맞 는 사람과 알아서 일하면 된다고 보기 때문이다. 또한 우리의 프로젝트를 내외부에 알릴 때 누구 한 사람이 주목받게 하지 않는다. 그렇다고 일부러 균형점 같은 것을 찾으려고 하지도 않는다. 각자의 역할을 하며 서로 얼마나 호흡을 잘 맞추는지, 그리고 일을 함께 만들어 가는지가 더 중요하다.

정확히 말해 조직 문화는 수평적이되 일의 체계는 위계가 존재할 때 더 효율적이다. 트렌드나 소비 패턴 등 사회 현상이 변화하는 속도가 지금처럼 빠르고 예측하기 어려워질 때는 더 그렇다. 장기적인 계획보다는 임원과 실무진 모두가 한마음으로 상황에 '유연하게' 대처할 수 있을 때, 그 힘이 기업에 지속 가능한 성장을 만들어 줄 것이다.

Insight

프로젝트를 진행할 때 직원들을 위계와 직급으로 대하지 말고 목적을 공유하는 크루로 받아들일 것. 직원들에게 '회사 일'을 하고 있다고 느끼게 하지 말고, '자신의 일'을 하고 있다고 동기 부여하면 성장한다는 기분을 느끼게 될 것이다.

소셜 비헤이비어

직원들이 '회사 업무'가 아니라
'내 일'을 하고 있다고
동기 부여해야 한다

Code

11

인간적인 브랜드는
무엇이 다른가
| 로컬라이징&소셜라이징 |

판매도 소비도
대의명분

MZ세대에게 SNS는 자신이 좋아하는 것을 큐레이션한 하나의 세계다. 그 세계에서는 자신이 팔로우하는 브랜드도 단지 상품을 전시하고 판매하는 곳이 아니라, 취향을 매개로 자신과 소통하는 인격처럼 느껴진다. 그들에게 브랜드는 연예인, 정치인 같은 공인이나 마찬가지다. 그러니 브랜드가 소비자들을 관리하고 팬덤을 만들기 위해서는 '우리 제품 좋아요' '가성비 최고입니다' '저희 제품으로 트렌드에 합류하세요'라는 메시지로 더 이상 소비자를 설득할 수 없다. 품질 좋고 가성비 있는 제품은 도처에 널렸고 제품 유행은 너무 빨리 바뀌는 데다 가짓수도 많아서 단순한 제품 홍보는 의미가 없다. 브랜드 자체가 매력이 있어서 MZ세대가 자연스럽게 자발적으로 관심을 갖게 만들어야 한다.

그런데 이제는 매력 그 이상이 필요하다. MZ세대는 다양성과 공정성 윤리에 누구보다 민감하다. 이미 가성비, 가심비 있는 제품들을 많이 사용해 본 그들에게는 이제 사회적으로 선하게 일하는 브랜드야말로 비유하자면 '갓생'하는 트렌드세터다. 브랜드가 공인처럼 선한 목적 의식으로 사회에 공헌한다는 의지가 확고해 보일 때 브랜드는 영속성이라는 가치를 얻는다. 그리고 소비자에겐 자신이 해당 브랜드를 소비하는 일이 사회에 기여한다는 대의명분이 되어 그들이 계속해서 그 브랜드에 관심을 갖고 소비하게 하는 선순환을 만들어 낸다.

반대로 논란을 일으키는 브랜드는 제품의 품질이나 가격과 상관없이 언제 '캔슬cancel'당할지 모른다. 캔슬 컬처cancel culture는 유명인이 비윤리적인 언행을 하거나 범법을 저질렀을 때 소비자들이 SNS에서 그의 계정을 언팔로우하고unfollower 보이콧

하는 행동을 말한다. 우리는 이미 알게 모르게 브랜드와 인플루언서들을 캔슬해 본 적이 있을 것이다. 팔로워는 곧 돈, 영향력과 직결되기에 캔슬은 브랜드, 유명인의 존재 자체를 흔드는 위협이다. 그래서 한순간 썰물처럼 빠져나가는 팔로워들을 잡기 위해 즉각 사죄의 방송을 하거나 자숙에 들어가는 것도 보았을 것이다. 이제 환경, 사회, 지배 구조를 뜻하는 ESG를 빼고는 브랜딩이 안 된다.

'갓생'하는
파타고니아와 프라이탁

대표적인 ESG 기업의 사례로 글로벌 아웃도어 브랜드 파타고니아patagonia를 들 수 있다. 파타고니아는 1985년부터 매출의 1퍼센트를 자연 환경의 복원과 보존을 위해 기부했다. 그런데 최근 창립자가 회사 지분 100퍼센트를 기후 위기 해결에 헌신하는 비영리단체 등에 기부하며 (이른바 '지구에 기부해') 화제가 되었다. 파타고니아 전 CEO 로즈 마카리오Rose Macario는 이 기부를 두고 파타고니아가 "지구를 되살리는 일을 했고, 이를 통해 새로운 시장을 발견했으며 수익도 증가했다"고 말했다. 소비자들도 파타고니아를 신뢰하며 기꺼이 브랜드의 선한 행동에 동참하고자 한다.

●● 버려진 방수포로 만든 프라이탁 메신저 백

프라이탁FREITAG은 버려진 천막 등을 업사이클링upcycling해 가방을 만드는데, 소비자들은 프라이탁 가방을 드는 것만으로도 의식 있고 패셔너블한 이미지를 풍길 수 있어 신뢰하고 애착하는 브랜드가 되었다. 프라이탁은 한국을 비롯해 전 세계 10개국에 지점을 내고 2019년에만 약 700억 원의 매출을 올렸다. 이러한 행보는 최근 국내 기업들 사이에 부는 ESG 열풍에 시사하는 바가 크다.

소셜 비헤이비어

잘할 수 있는 일로
선행에 동참하라

국내 기업들은 연 매출 같은 눈에 보이는 수치로 자꾸 회계를 끊는다. 물론 숫자도 중요하지만 이런 것들이 기업을 경영하는 데 더 이상 0순위는 아니라는 생각이 든다. 특히 시몬스 같은 원 아이템 회사는 지속적으로 소비자와 애착을 강화하며 브랜드에 어떻게 영속성을 만드느냐가 굉장히 중요한 고민이다. 이때 ESG는 시몬스의 미래에 참고할 만한 좋은 레퍼런스가 되었다.

2020년 국내 기업들 사이에도 ESG 열풍이 거세게 불었다. 시몬스는 그때 창립 150주년 이벤트를 맞아, 많은 강연을 준비하고 그동안의 활동을 케이스 스터디하며 시몬스라는 브랜드를 정리하고 있었다. 더불어 시몬스 역시 ESG에 적극적으로 뛰어들었다. 다만 '우리가 ESG를 선도한다'는 원대한 목표보다는 그동안 시몬스가 구축해 온 브랜드 이미지와, 우리가 잘하는 것을 실리적으로 결합해 보자는 목표를 세웠다.

흔히 ESG라 하니까 환경, 사회, 지배 구조 순으로 그 중요도를 인식하는데, 생각해 보면 시몬스가 그간 팝업 스토어와 이천의 시몬스 테라스 같은 로컬라이징 프로젝트를 통해 다져 온 능력은 소셜social, 즉 ESG 중 S에 있었다. 백종원이 충남 예산의 재래시장을 재생시켜 브랜딩에 성공한 사례도 요식업 전문가로서 자신이 가장 잘하는 것으로 사회에 선한 영향력을 행사한 것인데 시몬스 역시 비슷하다고 할 수 있다.

소셜 비헤이비어

제품의 성능만 강조하는 것이
아니라
사회 안에서 기업의 '기능'을
고민해야 하는 시대다

로컬라이징이란
무엇인가?

이천에 있는 복합문화공간 시몬스 테라스에는 매년 '파머스 마켓farmers market'이 열린다. 말하자면 직거래 장터 같은 것으로 이천 농가를 시몬스 테라스를 찾는 방문객과 연결해 농가에 서는 소득을 올리고, 소비자에게는 질 좋은 농산물을 살 수 있 는 기회를 마련해 보자는 취지다. 코로나19로 힘든 상황에 처 한 농가에게 파머스 마켓이 도움이 되길 바라는 마음도 있었 다. 그래서 소비자의 관심을 끌기 위해 공연을 비롯한 다양한 문화 행사도 열었다. 2020년 10월 16일부터 18일까지 열린 파 머스 마켓은 13개 농가가 참여하고 3,000만 원 이상의 매출을 올리며 시몬스의 ESG 경영에 대표적인 성공 사례가 되었다.

파머스 마켓이 지역에서 인기를 얻게 된 건 다양한 문화 행 사 때문만은 아니다. 시몬스에서 농가를 위해 브랜딩한 것이 호감을 얻은 영향도 있다. 시몬스는 농가 매출을 높이기 위해 단발성으로 판매 행사를 여는 데 그치지 않고, 농가와 상생하 는 의미에서 농산물의 브랜딩, 패키징 등을 돕고 시몬스 인스

●● 시몬스 테라스에서 열린 파머스 마켓, 로컬라이징은 마케팅에 지역의 특색이
드러나도록 하는 전략으로, 지역과 지역을 잇는 것이 핵심이다

●● 시몬스가 브랜딩한 농산물들

타그램을 통해 판매를 이어 주기도 한다.

처음에는 로컬라이징이 목적이었기 때문에 이런 이벤트로 외지인을 끌어들여야겠다는 생각이 아니라 이천시민을 위한 이벤트를 여는 것이 목적이었다. 하지만 시몬스 테라스에서 열리는 이런 다채로운 이벤트들이 SNS 등을 통해 점점 입소문을 타고 유명해지면서 크리스마스 일루미네이션 이벤트의 경우 지난 2023년에는 하루에 1만 4,000명이 다녀가기도 할 만큼 뜻밖의 수확까지 얻었다. 시몬스 테라스가 3,000평 규모니까 입장객이 동시 입장했다고 가정하면 평당 세 명이 서 있었다는 뜻이다.

SNS을 통해 바이럴이 일어나면서 유명해지니 반작용으로 소비자들의 컴플레인도 많이 생기고 시몬스가 신경 쓸 일도 한두 가지가 아닌 게 사실이다. 하지만 시몬스 테라스 근처에 원래 있던 이천의 음식점이 덩달아 잘되고 노점이 생기기도 하는 등 시몬스 테라스를 통해 이천에 또 하나의 상권이 만들어졌다. 그 속에서 활기차고 행복해하는 지역민을 보며 행사에 참여하는 임직원 역시 매년 보람과 사명감을 느끼고 있다.

소셜라이징이란
무엇인가?

시몬스 그로서리 스토어 청담에서는 비정기 강연 프로그램인 시몬스 스튜디오를 열었다. 이천의 시몬스 테라스에서 열린 파머스 마켓이 로컬라이징이었다면, 시몬스 스튜디오는 소셜라이징 프로젝트다. ESG라고 하면 환경, 사회, 기업에 거창한 무언가를 해야 할 것처럼 느껴지는데, 우리는 이 시몬스 스튜디오를 통해 보다 기발하고 창의적인 방식으로 ESG를 실현해 보려고 했다.

●● 시몬스 스튜디오에서 강연하는 과학 커뮤니케이터 이독실

소셜 비헤이비어

시몬스 스튜디오는 시몬스의 제품을 홍보하고 브랜딩하는 것이 아니라 지금 사람들이 가장 관심 있고 알면 좋을 정보들을 전문가에게 듣는 유튜브 콘텐츠다. 좋은 이야기는 많은 사람이 들을수록 좋다는 취지다. 대중적으로 인기 있는 인지 심리학자 김경일, 건축가 유현준, 범죄 심리학자 박지선을 비롯해 뮤지션 자이언티, 브레이크 댄스 선수 김예리, 전지예 등 지식 교양, 문화계까지 많은 연사를 초청했다.

유튜브 플랫폼이었던 이유는 유튜브가 마치 선생님처럼 무언가를 배우기 좋은 플랫폼이고, 초등학생부터 노년층까지 유저가 다양하므로 콘텐츠가 닿을 수 있는 타깃층이 넓기 때문이다. 그리고 여기서는 회사 이야기는 금물이다.

그런데 이런 '침대 없는' 시몬스 유튜브에 소비자들은 열광한다. 기업이 운영하는 유튜브 채널이지만, 구독자 수는 2만 명에 육박하고, 최고 조회 수 10만 회가 넘는 영상도 여러 개다. 과감하게 시몬스를 빼고, 시몬스가 할 수 있는 사회적 가치에 집중해 ESG에 새롭게 접근한 것이 좋은 결과를 얻었다. 매출에 직접적인 영향은 측정하기 어렵겠지만, ESG에 관심이 있고 유튜브를 애용하는 MZ세대를 팬으로 모으는 효과는 확실하게 얻을 수 있었다.

Insight

소비자들이 자신들의 소비가 사회를 이롭게 하는 데 영향을 미치는 것을 중요하게 생각하는 시대가 되었다. 기업은 단지 얼마나 많은 매출을 올렸느냐가 아니라, 앞으로 어떻게 소비자와 선한 영향력을 커뮤니케이션할 수 있을지 고민해야 한다.

소셜 비헤이비어

윤리라는 에티켓

최근 손바닥 안의 스마트폰에 어떠한 방식으로 얼마나 익숙한지에 따라 세대를 나누고 그 특성을 해석하는 MZ세대, 알파세대 같은 세대론이 쏟아지고 있다. 스마트폰이라는 혁명적인 매개체가 신인류의 습성을 결정짓고 있기 때문이다. 앞서 살펴본 이 세대의 여러 가지 특징들, 즉 소셜 비헤이비어를 이런 스마트폰의 출현으로 나타난 결과로 설명할 수 있다면, ESG라는 지속 가능성은 이제 MZ세대와 나아가 알파세대의 소셜 비헤이비어를 움직이는 새로운 테제에 가깝다.

눈부신 경제 성장의 여파로 지구는 환경 오염이라는 고질병에 시달리고 우리는 그 위험을 미세 먼지, 바이러스 등을 통해 온몸으로 경험하고 있다. 경제적으로 규모의 성장은 한계에 다다랐고 빈부의 격차는 심해졌으며 앞으로도 심화될 것이라 한다. 그래서 역설적으로 '친환경'과 '공정' '돌봄' 등 윤리에 대한 관심이 높아진 것이다. 글로벌 마케팅 전문가 황지영 교수는 《잘파가 온다》에서 10대와 20대 초반이 속하는 알파세대에겐 ESG와 함께 DEI가 중요한 영역으로 부상했다는 점을 지적한다. DEI는 다양성diversity, 형평성equity, 포용성inclusion을 뜻하는 용어로 밀레니얼세대와 비슷하지만 잘파세대*는 자연환경만큼이나 사회적 문제에도 민감하다고 볼 수 있을 것 같다.

#Black Lives Matter(흑인의 생명도 중요하다) 운동을 한 번쯤 들어 보았을 것이다. 2012년 미국에서 한 히스패닉계 성인 남성에게 흑인 청소년이 살해당한 것에 분노한 시민들로부터 시작된 이 운동은 해시태그로 도배되며 오프라인은 물론 SNS까지 확산되었다. 이제 인종, 성별을 아울러 인류의 모든 다양성을 존중하는 태도가 마치 에티켓처럼 당연하게 자리 잡았다는 점을 보여 주는 대표적인 사례다.

온라인에 익숙한 잘파세대는 자신의 목소리를 내기가 자유롭고 수월한 온라인 세계를 기반으로 영향력을 행사한다. 그들은 자신의 권리와 함께 사회 일원으로서 윤리적인 민감도

---

* MZ세대 중 1990년대 후반에 태어난 Z세대와 2000년대 이후에 태어난 알파세대를 합친 용어다.

가 다른 세대보다 훨씬 높다. 하지만 그보다 고무적인 건 옳고 그름에 대한 감수성 자체가 세상을 인식하는 쿨한 태도로 인식되고 있다는 점이다.

이런 점은 ESG의 등장이 필연적이었던 이유이기도 하다. ESG는 전에 없던 새로운 개념이 아니다. 기업이 새로운 소비자로 떠오른 MZ세대와 그 이하의 특성을 고려해, 사회적으로, 생태적으로 지속 가능성이라는 가치에 '돈을 쓰기로' 결정해야 했기 때문이다. 앞으로 기업을 경영하려면 이제는 리버럴liberal한 소비자의 눈치를 볼 수밖에 없다.

로컬 경제 운동의 선구자이자 환경 운동가 헬레나 노르베리 호지Helena Norberg Hodge는 《로컬의 미래》에서 전통과 현대의 차이를 '경제 규모의 차이와 함께 우리의 행동이 타인과 자연에 미치는 영향을 인식하는 능력의 차이'라고 말한다. 즉, 지속 가능성은 정치, 사회, 경제, 문화 등 분야를 막론해 뜨겁고 진지하게 논의되는 가장 현대적인 화두가 된 것이다.

2018년 나이키를 상징하는 슬로건 '저스트 두 잇Just Do It'

●● 나이키 〈Black Lives Matter〉 광고

의 30주년을 맞아, 나이키는 미식축구 선수 콜린 캐퍼닉^{Colin} Kaepernick을 광고 모델로 기용했다. 그는 앞서 언급한 #Black Lives Matter 운동이 한창이던 2016년, 경기 시작 전 국가 제창을 거부하고 모두 기립할 때 홀로 무릎을 꿇는 퍼포먼스를 해 화제가 된 흑인 선수였다. 그는 퍼포먼스에 이어서 "인종 차별을 하는 나라를 위해 일어나고 싶지 않다"라고 말해 미식축구 협회 및 구단주들의 블랙 리스트에 오르며 소속 구단과도

재계약 없이 계약이 종료된 상태였다.

그가 '모든 것을 희생해야 하더라도 신념을 가져라Believe in something. Even if it means sacrificing everything'는 문구와 함께 등장한 광고에 당연히 미국 사회는 뜨겁게 들썩였다. 비록 나이키 주가는 일시적으로 폭락했지만 SNS에서 폭발적인 반응을 이끌어 내면서 나이키의 온라인 매출은 31퍼센트까지 치솟았다.

오랜 시간 나이키는 성공한 이들의 '웰빙' 러닝화로 오랫동안 포지셔닝되었다. 즉, 보수적인 중장년 백인 부르주아를 상징하는 올드한 이미지가 컸기 때문에 운동화를 패션 아이템으로 소비하는 젊은 세대가 선호하는 반스 등에 시장을 뺏기고 있던 차였다. 이 와중에 등장한 나이키의 광고는 과감한 스토리텔링으로 쿨한 스트리트 감성을 선호하는 MZ세대에게 인종과 지역성을 넘어 전 세계에서 호감을 얻는 데 성공했다는 점이 큰 의미가 있다.

adidas (at 🏠) ✔

@adidas

Together is how we move forward.
Together is how we make change.

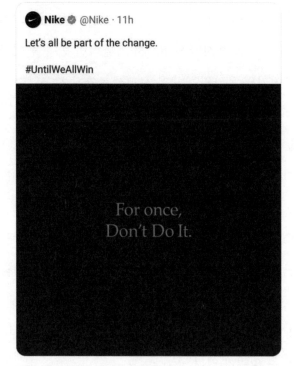

● **Nike** ✔ @Nike · 11h

Let's all be part of the change.

#UntilWeAllWin

For once,
Don't Do It.

5:59 · 30 May 20 · Twitter for iPhone

●● 나이키의 광고를 리트윗한 아디다스 트위터

2020년 '저스트 두 잇'을 뒤집은 '이번만큼은 하지 마For once, Don't Do It' 광고도 놀라웠다. 이 광고는 '미국에 문제가 없는 척하지 말라' '변명하지 말라' '이 문제가 당신에게 영향을 끼치지 않는다고 생각하지 말라' 등 메시지로 일관하는데, 이 영상은 사회적 윤리에 민감한 MZ세대의 마음을 사로잡는 데 쐐기를 박았다. 경쟁사인 아디다스의 트위터에까지 리트윗되며 그야말로 쿨한 모먼트를 만들어 냈으니 말이다.

Code

12

격변의 시장에서
어떻게 살아남을 것인가
| ESG |

머리로 알던
ESG를 마음으로 깨닫다

시몬스는 지난 2020년 삼성서울병원에 있는 소아, 청소년 환아들의 의료비 지원 사업을 시작했다. 그리고 4년이 지난 2024년, 누적 기부금 15억을 넘겼다. 삼성서울병원 기부는 팬데믹 때 많은 병원이 코로나19로 업무에 마비를 겪고 있는 와중에 분명히 소외되는 영역이 있을 테니 우리가 한번 도와 보자는 안정호 대표님의 지시로 시작되었다. 그렇게 찾게 된 것이 삼성서울병원의 소아청소년센터였다. 소아청소년센터를 비롯한 소아 병동은 전공의 기피 현상이 가장 심하고 수가도 낮아 진료를 볼 때마다 손해이고, 전공의마저 부족해지면서 여러 종합 병원에서도 문을 닫고 있는 열악한 상황이었다. 그래서 시몬스는 그중 삼성서울병원 소아청소년센터를 기부처로 결정하고 시몬스가 가장 잘할 수 있는 ESG 활동을 펼치기로 했다.

우리는 아주 전형적인 발상으로, 팝업 스토어 때처럼 굿즈를 만들어 환자와 의사, 병원 관계자에게 선물을 나누는 이벤트를 했다. 그리고 당당하게 입을 열었다.

"우리는 침대만큼은 자신 있으니 환우를 위해 침대를 기부하고 싶습니다. 좋은 선물이 되리라고 생각합니다."

그런데 생각지도 못한 답이 돌아왔다.

"뜻은 감사하지만 사양하고 싶습니다. 침대는 환우에게는 지옥 같은 존재입니다. 계속 누워 있어야 하니까요."

지금도 그때를 생각하면 마음이 울컥하고 부끄럽다. 환자들의 삶에 대해 우리가 너무 무지했던 것이다. 이 자리를 빌려

ESG라는 게 무지하면 이렇게 이상한 방향으로 흘러가기가 십상이라는 것을 꼭 알리고 싶다.

　흔히 삼성서울병원이라고 하면 '부자 병원' 같지만 사실 암 센터와 건강검진센터 빼고는 재정적으로나, 운영적으로 열악하다. 특히 소아청소년센터는 매년 적자가 100억씩이라고 한다. 현실은 더 비극적이다. 의사가 환자를 볼 수 있는 시간이 한 명당 1분에서 1분 30초 정도고, 특히 어린이를 돌봐야 하는 소아청소년센터는 의료진의 정신적인 스트레스가 많을 수밖에 없다.

　완화 의료라는 말을 들어 본 적이 있는가. 대학 병원에는 호스피스 병동이 있다. 말기 암 환자 등 임종이 가까운 환자들의 신체적 증상을 조절하고 환자와 가족의 심리적이고 사회적인 어려움을 적극적으로 돕는 의료 서비스다. 그런데 아이들에게는 호스피스 병동이 없다. 그래서 아이들은 어느 날 갑자기 어른들의 호스피스 병동에 들어가야 한다. 죽음에 대한 개념도 없는 아이들이 호스피스 병동에 들어가며 부모에게 "엄마, 나 찾으러 오세요"라고 말한다고 한다. 진심으로 가슴 아픈 이야기다.

하지만 중요한 건 이렇게 우리에게 꼭 필요한 이야기들을 신파적인 스토리로 만들어 동참을 이끌어 내서는 안 된다는 것이다. 이런 현실을 어떻게 하면 동시대적인 방식으로 알릴 수 있을지 브랜딩에 대해 고민해야 한다.

우리가 가장 잘할 수 있는 것으로 나눔하기

그 후 고심 끝에 시몬스는 생각의 방향을 전환했다. 광고, 팝업 스토어 등 그동안 우리가 두각을 나타냈던 마케팅 기법들을 병원에 적극적으로 활용하기로 했다. 크리스마스 때 반짝, 각종 행사에 반짝, 기부하고 그치는 게 아니라 자선 행사와 기부를 브랜딩한다면 사람들로 하여금 소아청소년센터에 지속 가능한 관심을 가질 수 있게 하는 이벤트가 될 것이기 때문이다.

●● ESG 침대 시몬스 뷰티레스트 1925

　1870년에 미국에서 최초 론칭한 시몬스는 1925년 핵심 기술인 포켓스프링*을 대량 생산할 수 있는 기계에 대한 특허를 내고 침대 가격을 저렴하게 낮추는 데 성공하면서 침대를 대중화시켰다. 그 기념비적인 해에 '뷰티레스트beautyrest'라는 매트리스가 만들어졌다. 뷰티레스트는 지금까지 시몬스를 대표하는 컬렉션으로 자리 잡았다.

　2025년은 뷰티레스트 100주년이 되는 해고, 마침 삼성서울

---

* 시몬스 고유의 포켓스프링은 개별 독립된 지지력으로 신체를 지지해 '흔들리지 않는 편안함'의 근간을 이룬다.

Beautyrest 1925

100TH ANNIVERSARY LIMITED EDITION

5% 기부에 동참하세요

'뷰티레스트 1925'는 세상을 이롭게 하는 매트리스입니다.

뷰티레스트는 침대 역사상 가장 유명한 메가 히트 컬렉션으로
다가오는 2025년 탄생 100주년을 맞이합니다.
이를 기념해 시몬스는 ESG 경영의 일환으로 특별한 행보를 펼칩니다.

**뷰티레스트 1925 구매 시 소비자가격의 5%는 오는 2025년 완공되는
삼성서울병원 소아청소년센터 리모델링 기금으로 쓰입니다.**

●● '뷰티레스트 1925' 하나당 소비자 가격의 5퍼센트가
삼성서울병원 소아청소년센터에 기부된다는 메시지

병원 소아청소년센터 재건축이 완공되는 해이기도 했다. 그래서 뷰티레스트 100주년 기념 행사를 삼성서울병원 소아청소년센터의 기부 프로젝트와 연계하자는 계획을 세웠다.

우리는 상징적인 뷰티레스트 매트리스를 재해석해서 론칭했다. 그리고 이 매트리스의 (세일, 상품권 행사 등이 포함되는 구매가가 아니라) 소비자 가격의 5퍼센트를 삼성서울병원에 기부하는 펀딩 이벤트를 열어 소비자의 동참을 자연스럽게 유도했다. 그리고 두 번째로, 2025년까지 리미티드 에디션 펀딩을 통한 금전적 기부에서 그치지 않고, 지속적으로 소비자의 관심을 유도하기 위해 시몬스 스튜디오에서 삼성서울병원 의사들이 이런 자신의 숭고한 업무를 어떻게 대하고 있는지 알리는 강연을 촬영해 유튜브에 올리고 많은 시청자에게 전달했다.

ESG는
왜 필수가 되었는가?

2022년 〈동아 비즈니스 리뷰〉는 우리가 'ESG를 말할 때 놓

치고 있는 것들'이라는 칼럼을 냈다. 여기서는 이론적으로 ESG가 지속 가능성, 성과나 이점 등으로 기업의 성과를 검증하고 이를 충실히 실천하는 투자 자금을 구별하기 위해 만들어진 언어이며, ESG라는 용어가 기업에 급속도로 퍼진 핵심적인 이유는 투자 업계가 지속 가능성에 발을 디뎠기 때문이라고 설명한다. ESG 경영을 하는 회사는 "환경 오염을 유발하는 '더러운 기술'을 보유한 회사보다 경쟁 우위를 갖게 될 가능성이 크므로 ESG는 분명 합리적인 결정"이라는 것이다.

우리가 아는 것처럼 환경 오염이 심각하고, 포화 상태에 이른 경제 성장 구도는 더 이상 인류에게 장밋빛 미래를 약속하지 못한다. 디스토피아가 예상되는 세상에서 자란 MZ세대, 그리고 알파, Z세대는 앞서 살펴본 것처럼 기성세대와는 다르게 세상과 자신을 인식하고 행동한다. 포스트 밀레니얼세대의 광범위한 인터뷰를 토대로 한 《GEN Z》에서 인류학자 로버타 카츠Roberta Katz 등은 Z세대의 특성 중 첫 번째로 '스스로의 의지로 타인을 돕는다'는 점을 꼽는다.

아주 어려서부터 현실 세계와 온라인에서 다른 사람들이

겪는 고통을 숱하게 접한 결과 무뎌진 사람도 있겠으나, 다수는 다양성을 옹호하고 타인의 삶에 긍정적인 영향을 끼쳐야 한다는 의지를 다졌다.

저자들은 이렇게 해석하며 전망을 덧붙인다.

인터넷에 접근할 수만 있으면 누구나 광범위한 정보와 경험을 얻을 수 있다는 점으로 비추어 보아, 미래에도 많은 활동이 개인 차원에서 일어나리라 예상해 볼 수 있다.

그러므로 ESG, DEI 등의 용어에서 볼 수 있듯 우리가 직면한 현실이 곧 지속 가능성이라는 대의이며 시대 정체성 그 자체라고도 할 수 있을 듯하다.

**"얼마나 벌 것인가"는 물론이고,
"어떻게 벌 것인가?"를 처음부터
고려해야 할 시대가 왔다**

난연 매트리스 제조 공법 관련
특허를 공개한 시몬스 침대

요즘 소비자는 자신의 소비가 기왕이면 윤리적이고 나아가 세상을 이롭게 하는 행위가 되기를 바란다. 즉, 소비의 대의명분이 중요해진 세상이다. 논란이 예상될 걸 알면서도 과감하게 사회적인 메시지를 내세운 나이키의 광고가 매출을 폭발적으로 끌어올린 것이 그 대표적인 예라 할 수 있다.

시몬스는 2018년부터 국내 최초로, 유일하게 가정용 매트리스 전 제품을 불에 잘 타지 않는 난연 소재로 생산하고 2020년에는 관련 특허를 취득했다. 아파트가 대표적인 국내 주거 환경에서는 화재가 발생할 경우 매트리스가 위험한 불쏘시개가 될 수 있다. 집 안에 있는 사람은 물론 화재를 진압하러 온 소방관들의 목숨까지 위협하는 일이 왕왕 일어난다.

하지만 난연 매트리스는 이러한 위험을 방지할 수 있다. 2024년 초 안정호 대표님은 이 난연 매트리스 제조 공법 관련 특허를 공개해서 누구나 시몬스의 난연 매트리스 제조 기술

●● 시몬스의 난연 매트리스를 다룬 <Made by SIMMONS> 텔레비전 광고

을 사용할 수 있도록 했다. 기술을 독점하면 당분간 그 분야의 매출을 독점할 수야 있지만 그보다는 생명을 위해 다른 용기를 낸 것이다.

'얼마나 벌 것인가'가 아니라
'어떻게 벌 것인가'

MZ세대와 나아가 알파세대는 기성세대에 비해 이른 나이에 경제력을 가지는 미래의 주요 소비층으로 떠오르고 있다. 특히 디지털 세계에서 영향력이 막강한 그들의 감성에 맞춰, 기업의 사회적 책임을 약속하는 ESG는 브랜드에 동시대적인 감성을 불어넣는 쿨한 브랜딩을 위한 전략의 필수 요소다. 기업은 이제 제품의 기능을 자랑하는 것을 넘어 자사의 제품이 세상을 더욱 이롭게 하고, 의식 있는 시민으로 이미지 메이킹할 수 있다는 대의명분으로 소비자를 설득할 수 있어야 한다. 단지 제품의 기능으로만 소비자와 커뮤니케이션을 한다면, 제품이 수명을 다함과 동시에 소비자도 떠나갈 것이다. 지금은 기업이 돈을 '얼마나' '잘' 버는지만으로 평가받는 시대가 아니다. 오히려 '어떻게' 벌고 있는지가 매우 중요해진 시대다.

그러므로 제품의 기능만큼 사회 속에서 기업의 기능 또한 고민해야 할 것이다. 소비는 선택이다. 기업과 기업의 제품이 세상을 이롭게 한다는 대의명분으로 소비자를 설득할 수 있어야 선택받을 수 있을 것이다. 기업이 가장 잘하는 것으로 세상을 이롭게 한다는 태도, 그리고 그 생각을 밀고 나가는 추진력과 용기가 필요하다.

Insight

ESG는 일단 잘 벌고 사회에 기부도 하겠다는 마케팅 차원의 전략이 아니다. ESG는 회사와 개인, 그리고 사회를 공생 관계 속에서 볼 수 있는 지속 가능한 발전을 위한 경영 이념에 가깝다.

당신의 브랜드에는
세상을 이롭게 한다는 태도,
그리고 그 생각을 밀고 나갈
용기가 있는가?

대의명분大義名分, 즉 큰 이유와 명백한 근거다. 탁월한 기업가들은 자신이 살고 싶은 세상을 결정하고 행동하는 데 막강한 영향을 미치는 행동주의자로서 이 대의명분을 바르고 명확하게 설정한다. 그들은 이 대의명분으로 세상을 어떻게 이끌고 있을까?

버진 기업과 위코노미

독창적인 청년 기업가로 일론 머스크 이전에 리처드 브랜슨Richard Branson이 있었다. 그는 1950년 영국에서 태어나 고작 열일곱 살에 〈스튜던트Student〉라는 잡지를 창간했다. 그는 놀랍게도 비틀즈의 존 레논John Lennon 등 당대를 대표하는 인물들을 섭외하고 인터뷰를 실어서 잡지를 성공시켰다. 그렇게 번 막대한 자본으로 버진 레코드Virgin Records를 설립했다. 1973년 무명이었던 마이크 올드필드Mike Oldfield의 음반을 취입했는데, 그 음악이 영화 〈엑소시스트〉에 삽입되면서 공전의 히트를 기록하며 리처드 브랜슨은 더욱 승승장구했다.

●● 버진 기업의 리처드 브랜슨

　20대에 일찌감치 돈방석에 올랐던 그는 사업을 확장하기 시
작했다. 한번은 비행기 결함으로 공항에 발이 묶인 적이 있다.
발을 동동 굴리던 그는 별안간 전세기를 섭외하고 다른 승객
들에게 자릿값을 받는 기행을 펼쳤다. 자신도 무사히 여행하
고 이윤까지 남겼던 쏠쏠한 해프닝이었다. 그러다 아예 항공
업에 발을 들여 1984년 버진 애틀랜틱Virgin Atlantic을 설립한다.

　한때 그는 영국에서 롤모델로 데이비드 베컴David Beckham만큼
인기가 많았다. 그가 비단 성공한 사업가이기 때문만이 아니
라 예전에 없던 창의적인 캐릭터였기 때문이다. 그가 얼마나
괴짜인가 하면 1994년 론칭한 버진 콜라Virgin Cola를 미국에 진

출시킬 때는 타임스퀘어에 탱크를 타고 등장해 코카콜라 간판에 버진 콜라 캔을 발사했고, 에어아시아 그룹 회장과 한 내기에 져서 2013년 다리털을 밀고 스커트를 입은 채 속눈썹을 붙인 모습으로 에어아시아 비행기에서 일일 승무원을 한 적이 있으며, 민간 우주 여행 기업 버진 갤러틱Virgin Galactic을 설립해 최초로 우주 여행을 한 민간인으로 이름을 올렸다.

인터넷에 리처드 브랜슨을 검색하면 자신의 기업에 대해 '즐거운 경험을 파는 회사'라고 한 말을 비롯해 그가 한 숱한 명언이 쏟아지는데, 그중에서도 "버진에서 했던 모든 일은 사람을 최우선에 두는 것, 그리고 비즈니스 세계를 더 멋지게 바꾸고자 하는 희망을 갖는 일이었다"가 그와 버진을 가장 잘 설명하는 것 같다. 리처드 브랜슨이 '조직은 사랑'이라는 신념으로 가꾼 조직 문화도 특별하다.

행복한 직원은 행복한 고객을 낳고, 행복한 고객은 행복한 주주를 낳는다.

예를 들어 버진 애틀랜틱은 세계 최초로 여성 승무원의 메이크업을 선택 사항으로 했고, 성별을 선택해 명찰을 달 수 있으며, 바지와 스커트도 원하는 대로 골라 입을 수 있게 했다. 또한 버진 기업의 모든 직원은 누구라도 리처드 브랜슨에게 직접 이메일을 보내 아이디어를 제안할 수 있다. 한편 리처드 브랜슨은 사회, 환경 문제에 조직적으로 큰 힘을 보태는 행동가로도 유명하다. 2006년 버진 기업의 주 수입원인 운송업 수입의 절반인 약 30억 달러를 지구 온난화 방지에 기부하겠다고 약속했고, 이에 《타임》은 2007년 '지구를 구할 영웅' 리스트에 그의 이름을 올리며 화답했다.

버진 애틀랜틱만큼이나 유명한 또 다른 곳이 버진 유나이트 Virgin Unite다. 버진 유나이트는 인간적 가치와 기업가적 아이디어를 통합해 효율적이고 급진적으로 선의를 행한다는 취지에서 2004년 출범한 비영리 재단이다. 형사 사법 개혁부터 해양 보존, 청정에너지 전환 촉진, LGBTQ 권리 옹호, 사람들이 빈곤에서 벗어날 수 있는 기회 창출, 기업가를 지원하는 리더십 프로그램 등으로 선한 영향력의 기회를 발굴하고 확대하고 있다.

현재 버진 유나이트 의장을 맡고 있는 그의 딸 홀리 브랜슨

Holly Branson은 2018년 캐나다의 사회 사업가 크레이그 킬버거 Craig Kielburger, 마크 킬버거 Marc Kielburger 형제와 공동으로 《위코노미》를 집필했다. 홀리 브랜슨은 그 책을 통해 비즈니스, 자선 단체, 사회적 기업이 협력했을 때 얻는 시너지를 증언하고 we와 economy를 합친 제목처럼 기업이 이기심과 두려움을 멀리하고 선한 '목적'을 포용할 때 생존할 수 있는 시장으로 변화하고 있다고 선언한다. 버진 기업의 목적은 '비즈니스가 선을 위한 힘이 되게 만든다'이다.

'나는 ~하므로, 더 나은 세상을 만들고 있다'라는 목적이 올바를 때 고객은 그 목적 때문에 브랜드를 찾고 비즈니스는 건강성, 수익성, 미래 가치를 확보할 수 있다.

파타고니아와 지구세

1960년대 초 암벽 등반가 이본 쉬나드 Yvon Chouinard는 암벽을 오를 때 바위에 박아 넣는 금속 못 피톤 piton을 만들어 팔았는데, 어느 날 암벽들이 피톤으로 흉하게 훼손된 것을 보고 충격을 받아 피톤 사업을 접었다. 이후 등산용 바지와 셔츠를 소량으로 팔았는데 인기가 많아지자 아예 파타고니아라는 이름을 짓고 본격적으로 액티브 스포츠 웨어 사업을 시작했다.

그렇게 몇 가지 아이템이 크게 히트하면서 1980년대에는 파타고니아가 등산복을 넘어 소비자들에게 '패션템'으로도 인기를 얻으며 본격적인 성장 가도에 진입했다. 하지만 이본 쉬나드는 규모의 성장에 앞서 세상에서 제일 좋은 품질의 아웃도어를 만들고 싶다는 마음이 있었다. 그래서 옷을 들고 히말라야 같은 극한 지형에 가져가 직접 테스트했는데, 그때마다 히말라야의 환경 오염이 늘 마음에 걸렸다. 그래서 1986년 지역의 풀뿌리 환경 단체에 매년 수익의 일정 부분을 기부하기 시작했고 1988년부터 전국적인 환경 캠페인을 시작했다.

어느 날은 1리터짜리 페트병 25개로 파타고니아의 대표 의류 신칠라 플리스synchilla fleece 재킷을 만들 수 있다는 것을 발견하고 1993년부터 재활용 페트병에서 추출한 섬유를 소재로 사용하기 시작했고, 1996년부터는 모든 면직 의류를 유기농 목화로 만들기에 이른다. 알다시피 유기농은 농약, 토양 오염,

수질 오염에서 비교적 자유롭기 때문에 소비자에게도 건강하다. 이본 쉬나드는 이때부터 매출의 1퍼센트를 기부하는데, 단지 자선이 아니라 지구에 살면서 자원을 사용하는 환경 문제의 일부로써 자신에게 부과하는 '지구세' 명목이라는 점이 놀랍다. 또한 매년 18개월마다 '풀뿌리 활동가를 위한 도구tools for grassroots activist'라는 이름의 컨퍼런스를 개최해 경쟁이 심한 미디어 환경에서 소규모 단체가 살아남는 데 필요한 조직적 사업 기술과 마케팅 기술을 가르친다.

하지만 원론적인 문제는 아무리 제품을 만들 때 선한 공정을 거친다 해도 옷을 만드는 데 지구의 많은 자원이 사용되고, 철이 지나면 버려진다는 것이다. 그러므로 옷은 재활용, 재사용되어야 한다. 그래서 파타고니아는 2005년부터 소비자에게 폴리에스테르 의류를 수거하기 시작해 2011년부터는 모든 제품을 회수하기도 했다. 하지만 결국 의류 재사용이 현실적인 마지막 답안이라는 것을 깨달았다.

2020년 이런 파타고니아의 이야기를 담은 《파타고니아, 파도가 칠 때는 서핑을》이 출간되었을 무렵 파타고니아 소유의

●● 파타고니아의 〈don't buy this jacket〉 광고

북아메리카 최대의 의류 수선 시설에서는 50명의 직원이 매년 4만 건 이상의 수선 의뢰를 처리하기도 했다고 한다. 그리고 의류 무상 수선 서비스의 일환으로 소매점 직원에게도 기본적인 수선법을 가르치며 소비자에게도 수선을 권장하고 있다. 같은 해 파타고니아가 블랙 프라이데이에 내건 놀라운 광고 슬로건, '이 재킷을 사지 마세요don't buy this jacket'를 한 번쯤 들어 본 적 있을 것이다.

파타고니아는 2014년 공정 무역 인증 의류를 판매하기 시작했다. 공정 무역은 말 그대로 기업들의 가격 덤핑을 없애고 개발 도상국 생산자들이 그들의 생산물에 공정한 가격을 받도록 하는 것이다. 그리고 2022년 이본 쉬나드는 파타고니아를 그야말로 '지구에 기부'했다. 그와 일가족이 보유한 모든 의결권 주식은 영리를 추구하지만 지구 환경을 보호하기 위한 영업 활동에 최선을 다하는 파타고니아 퍼포스 트러스트Patagonia purpose trust에, 비의결권 주식은 파타고니아에서 나오는 모든 배당금을 환경 위기 해결을 위한 활동과 지역 사회 활성화, 생물 다양성 보전, 자연 보호 등에 사용하는 비영리 단체 홀드퍼스트 콜렉티브Holdfast Collective에 양도한 것이다.

1990년대 초 승승장구하던 파타고니아에 큰 위기가 있었다. 이본 쉬나드는 이때를 기점으로 "하룻밤 새에 우리는 훨씬 명확한 목적의식을 가진 냉철한 회사"가 되었다고 표현한다. 책에서 이 부분이 특히 감동적이었기 때문에 옮겨 보려고 한다.

나는 당시의 혼란에서 회사를 구해 내기 위해 무엇을 해야 하는지 알지 못했다. 하지만 우리가 지속 불가능한 상태에 이르렀고, 이제는 경영과 지속 가능성의 모델을 미국 기업계가 아니라 7세대 앞을 내다보는 이로쿼이 인디

언과 같은 방식으로 찾아야 한다는 것만은 알고 있었다. 이로쿼이족은 의사 결정 과정에 향후 7세대를 대표하는 사람들을 포함시켰다고 한다. 파타고니아가 이 위기에서 살아남을 수 있다면 이후부터는 모든 결정에서 100년 앞을 내다보기 시작해야 한다. 그렇게 긴 미래를 내다보고 그때까지 유지할 수 있는 속도로만 성장해야 한다.

-《파타고니아, 파도가 칠때는 서핑을》

참고 자료

Code 1. 누가 소비자의 생각과 행동을 유도하는가 | 미디어 |
허버트 마셜 매클루언, 《미디어의 이해》, 김상호 옮김, 커뮤니케이션북스, 2011.
'MZ세대, 그들은 쪼개지며 연대한다', 〈Simmonskorea〉, https://www.youtube.com/
watch?v=gYDTJwD4PF8
〈휠라 "전세계 MZ세대 공략, 글로벌 스포츠 브랜드 되겠다"〉, 《중앙일보》, 2022.2.25.
로버트 그린, 《인간 본성의 법칙》, 이지연 옮김, 위즈덤하우스, 2019, 392쪽.
최재천 외 5인, 《10년 후 세상》, 청림출판, 2012.

Code 2. 검색창을 보면 행동이 보인다 | 플랫폼 |
〈테니스 코트가 데이트 코스로...코리아오픈 1만명 몰렸다〉, 《조선일보》, 2022.10.3.
〈`제페토 스튜디오`, 월수익 300만원 AR 패션템 크리에이터도 나왔다〉, 《매일경제》,
2020.5.4.

Code 3. 시장을 흔드는 새로운 계급이 탄생하다 | 인플루언서 |
정보통신용어사전, https://terms.tta.or.kr/dictionary/dictionaryView.do?word_
seq=100949-17
데이나 토마스, 《럭셔리》, 이순주 옮김, 문학수첩, 2008, 17쪽, 66쪽.

Code 4 소비자는 온라인에서 다른 얼굴을 한다 | 캐릭터 |
〈팝스타 비욘세, "내 안의 또 다른 나, 사샤 피어스!"〉, 《티브이데일리》, 2009.10.14.
토드 허먼, 《알터 에고 이펙트》, 전리오 옮김, 퍼블리온, 2021.
〈기업들이 주목하는 소비 트렌드, 멀티 페르소나〉, 〈saaslab〉, https://www.saaslab.
co.kr/newsletter-detail?newsletter=206

Code 5. 마케팅은 세대를 초월해야 한다 | 유스 컬처 |
칼 라거펠트, 《칼 라거펠트, 금기의 어록》, 김정원 옮김, 미래의창, 2014, 111쪽.
김난도 외 9인, 《트렌드 코리아 2023》, 미래의창, 2022, 380쪽, 403쪽.

Code 6. 브랜드를 잘 경험하면 사랑하게 된다 | 스페이스 |
김난도 외 8인, 《트렌드 코리아 2019》, 미래의창, 2018, 348쪽.

Code 7. 모두가 좋아하는 브랜드는 없다 | 팬덤 |
유승호, 《취향의 경제》, 따비, 2021, 149~175쪽.

Code 8. 브랜드와 소비자는 대화해야 한다 | 피드백 |
'코인과 NFT에 열광하는 젊은 세대, 이유는?', 〈Simmonskorea〉, https://www.youtube.com/watch?v=gYDTJwD4PF8

Code 9. 광고 100번보다 입소문 한 번이 낫다 | 바이럴 |
'정신이 치유되는 시몬스의 탈국내급 광고', 〈WLDO〉, https://www.youtube.com/watch?v=OquzSdd-GyE
유승호, 《취향의 경제》, 따비, 2021, 184쪽.
매거진B 편집부, 《매거진 B: No.16 Aesop 에이솝 국문판 [2022]》, 비미디어컴퍼니 주식회사, 2022, 23쪽.

Code 10. 사람을 경영하라 | 애자일 |
From The Infinite Game by Simon Sinek, copyright © 2019 by SinekPartners, LLC, used by permission of Penguin Random House LLC.

Code 11. 인간적인 브랜드는 무엇이 다른가 | 로컬라이징&소셜라이징 |
〈빗물로 세척한 70만원짜리 가방 '불티'…연매출 700억 [긱스]〉, 《한국경제》, 2023.2.27.
황지영, 《잘파가 온다》, 리더스북, 2023, 119쪽.
헬레나 노르베리 호지, 《로컬의 미래》, 최요한 옮김, 남해의봄날, 2018, 132쪽.
〈Nike sales surge 31% in days after Colin Kaepernick ad unveiled, analyst says〉, 《The Guardian》, 2018.9.8.

Code 12. 격변의 시장에서 어떻게 살아남을 것인가 | ESG |
'우리가 ESG를 말할 때 놓치고 있는 것들', 〈동아비즈니스리뷰〉, https://contents.premium.naver.com/dunet/10dbr/contents/221201094731271mb
로버타 카츠 외 3인, 《GEN Z》, 송예슬 옮김, 문학동네, 2023, 287쪽.
크레이그 킬버거 외 2인, 《위코노미》, 이영진 옮김, 한빛비즈, 2020, 111쪽.
이본 쉬나드, 《파타고니아, 파도가 칠 때는 서핑을》, 이영래 옮김, 라이팅하우스, 2020, 107쪽.

사진 출처

12~13, 53. 55, 57, 58, 60, 86, 98, 99, 101, 104, 105, 125, 127, 128, 130, 131, 143, 144, 145, 170, 173, 174, 178, 180, 182, 185, 190, 204, 225, 226, 243, 244, 250 ⓒ시몬스

43, 48 ⓒ네이버

43, 44, 70, 117, 118 ⓒ인스타그램

46 ⓒ조선일보

47, 189, 228 ⓒ유튜브

52, 70, 74, 110, 163, 193, 196, 197, 220, 236, 255, 262 ⓒ셔터스톡

234 ⓒ나이키

236 ⓒ아디다스 트위터

261, 262 ⓒ파타고니아

소셜 비헤이비어

초판 1쇄 발행 2024년 6월 5일
초판 4쇄 발행 2024년 8월 10일

지은이 김성준·홍현경
펴낸이 권미경
기획편집 박소연
마케팅 심지훈, 강소연, 김재이
디자인 thiscover
펴낸곳 ㈜웨일북
출판등록 2015년 10월 12일 제2015-000316호
주소 서울시 마포구 토정로47, 서일빌딩 701호
전화 02-322-7187 **팩스** 02-337-8187
메일 sea@whalebook.co.kr **인스타그램** instagram.com/whalebooks

소중한 원고를 보내주세요.
좋은 저자에게서 좋은 책이 나온다는 믿음으로, 항상 진심을 다해 구하겠습니다.